Die goldene Zeit beginnt
- Entdecken, Staunen, Lachen

Willkommen in einer der spannendsten Phasen Ihres Lebens – dem Ruhestand! Dieses Buch öffnet Ihnen die Tür zu einer Welt voller Freude und Überraschungen. Warum sich mit unnützem Wissen beschäftigen? Ganz einfach: Weil es Spaß macht, den Horizont erweitert und weil jeder Blick ins Buch ein Lächeln ins Gesicht zaubert. In diesem Buch finden Sie eine Fülle von Themen, die Ihren Alltag bereichern und neue Perspektiven eröffnen.

Entdecken Sie faszinierende Fakten über Erfolg und wie Menschen im späten Lebensalter Außergewöhnliches erreichen. Tauchen Sie ein in Geschichten über Glück und Zufriedenheit, die zeigen, wie bunt und vielfältig das Leben sein kann. Lassen Sie sich von ungewöhnlichen Hobbys inspirieren, erfahren Sie Neues über Gesundheit und staunen Sie über die Wunder der Natur.

Die Kapitel über historische Ereignisse, bahnbrechende Erfindungen und erstaunliche wissenschaftliche Entdeckungen ziehen Sie sicherlich in den Bann. Auch die Geheimnisse des Universums, kuriose Gesetze, die Welt der Musik und exotische Delikatessen laden Sie zum Erkunden ein.

Erfahren Sie mehr über bizarre Verhaltensweisen im Tierreich, die Schönheit der Pflanzenwelt, die Tiefen der Liebe und die Eigenheiten des Internets. Stöbern Sie durch die Welt des Sports und entdecken Sie die Herkunft von Sprichwörtern. Im letzten Kapitel halten wir ein besonderes Bonbon bereit: Hier erwartet Sie eine Vielzahl an inspirierenden Ideen für das erste Jahr in Rente.

Das Buch ist ein bunter Blumenstrauß aus Wissen, Anekdoten und Tipps – ein wahrer Schatz für Ihre Zeit in Rente. Ob Sie nun auf der Suche nach Inspiration oder Unterhaltung sind, einfach nur schmunzeln möchten oder Ihre Neugier stillen wollen, dieses interessante Büchlein ist der perfekte Begleiter. Sobald Sie die erste Seite aufschlagen, beginnen Sie Ihre Reise durch eine Welt voller Kuriositäten und Entdeckungen. Vielleicht verwandelt Ihre neue Lektüre jeden Tag in ein kleines Abenteuer. Freuen Sie sich auf viele unterhaltsame Stunden – und los geht die Reise!

Erfolg kennt kein Alter - Späte Triumphe und glorreiche Geschichten

Sprung in die Freiheit

Die 104-jährige Amerikanerin Dorothy Hoffner wagte im Oktober 2023 einen Sprung im Fallschirm-Tandem aus 4.100 Metern Höhe. Damit setzte sie möglicherweise einen Guinness-Weltrekord als älteste Fallschirmspringerin. Ein Video von ihrem mutigen Sprung verbreitete sich rasend schnell um die Welt. Nur wenige Tage später verstarb sie, doch Dorothy beeindruckte viele Menschen aus allen Generationen. Der richtige Zeitpunkt, um Träume zu verwirklichen, ist immer genau JETZT – unabhängig vom Alter.

Senioren rocken

Elly Steiner, Deutschlands älteste DJ, legt mit fast 80 Jahren immer noch House und Electro auf. Ihr bewegtes Leben mit einer Suchtkrankheit hat sie hinter sich gelassen. Nun lebt sie ihre musikalische Leidenschaft hinter den Plattentellern aus. In Japan sorgt eine DJ namens Sumiko Iwamuro für bombastische Stimmung in angesagten Musikclubs. Die bald 90-jährige DJ aus Tokio beweist, dass es niemals zu spät für Abenteuer ist. Tagsüber hilft sie in einem Familienrestaurant aus, aber nachts bringt sie als älteste DJ der Welt die Tanzflächen der Stadt zum Beben.

Lauf Madonna, lauf!

Mit 82 Jahren absolvierte die katholische Ordensschwester Madonna Buder den „Ironman Canada" und wurde zur ältesten Teilnehmerin in der Geschichte. Sie hält derzeit den Weltrekord als älteste Triathletin, die jemals einen Ironman beendet hat. Die Amerikanerin begann erst mit 48 Jahren, aktiv Sport zu treiben. Mit 52 Jahren bezwang sie zum ersten Mal einen Triathlon. Mit ihrer beeindruckenden Ausdauer und Entschlossenheit zog Madonna ihr Ding durch. Für sie gab es keine Grenzen, sondern lediglich Herausforderungen, die sie meistern wollte.

Der älteste Fußballprofi

King Kazu, bürgerlich Kazuyoshi Miura, ist nicht nur der älteste Fußballprofi der Welt, sondern auch eine lebende Legende. Geboren am 26. Februar 1967 in Japan, ist er mit fast 60 Jahren immer noch im Profisport aktiv. Im Durchschnitt beenden Fußballprofis ihre Karriere in ihren frühen bis mittleren 30ern. Seine grenzenlose Leidenschaft für den Sport hat ihm eine bemerkenswerte Karriere ermöglicht – ein Ende ist noch nicht in Sicht.

Der Berg ruft

Yuichiro Miura – ein Name, der Abenteuerlust und Bergsteigen vereint! Der Japaner wurde weltbekannt durch seine kühnen Expeditionen und das Brechen von Weltrekorden. Besonders spektakulär war sein dritter Aufstieg auf den Gipfel des Mount Everest: Im Alter von 80 Jahren und 223 Tagen wurde er im Jahr 2013 zum ältesten Menschen, der jemals den Gipfel erreichte.

Leidenschaft siegt

Eine Legende im Bereich der Leichtathletik – Olga Kotelko! Die kanadische Athletin hielt über 30 Weltrekorde und sammelte unglaubliche 750 Goldmedaillen. Mit 91 Jahren sprang sie 1,77 Meter weit, warf den Diskus auf 13,92 Meter und sprintete die 200 Meter in nur 56,46 Sekunden. Sie war zweifellos eine herausragende Athletin ihrer Altersklasse und wurde als eine der größten Sportlerinnen der Welt gefeiert. Ihr Motto lautete: „Aufgeben ist niemals eine Option!"

Kleine Farm, großer Erfolg

Laura Ingalls Wilder verbrachte fast ihr gesamtes Leben damit, die Geschichten ihres Lebens als Farmerstochter niederzuschreiben. Doch erst im Alter von 65 Jahren drängte ihre Tochter sie dazu, ihre Erinnerungen in Kinderbüchern zu veröffentlichen. Ihr Werk „Unsere kleine Farm" zählt seitdem zu den zeitlosen Klassikern der Kinderliteratur. Michael Landon adaptierte die Bücher und brachte eine Fernsehserie von 1974 bis 1983 auf den Bildschirm. Sie erzählt die Geschichte der Familie Ingalls im amerikanischen Westen des 19. Jahrhunderts.

Fauja läuft los

Marathon - nur etwas für junge Athleten? Ganz und gar nicht! Der Brite Fauja Singh begann erst im Alter von 89 Jahren mit dem Laufen und nahm mit 93 Jahren an seinem ersten Marathon teil. Mit zahlreichen Weltrekorden setzte er als erster 100-Jähriger, der einen Marathon absolvierte, ein historisches Zeichen.

Der Milliardär von der Tankstelle

Harland David Sanders, besser bekannt als Colonel Sanders, war nicht nur der Gründer von Kentucky Fried Chicken (KFC), sondern auch ein Beispiel dafür, dass es nie zu spät ist, seine Träume zu verwirklichen. Mit 62 Jahren wagte er den Schritt in die Selbstständigkeit und gründete seine berühmte Firma, in der sich alles um knusprig zubereitetes Hähnchen dreht. 3 Jahre später, mit 65 Jahren, wurde er zum Milliardär! Bevor er jedoch im Fast-Food-Geschäft durchstartete, hatte Colonel Sanders zahlreiche Jobs, darunter Tankstellenbetreiber und Versicherungsverkäufer.

Vom Milchshake zum Burger

Ray Kroc, ein Pionier des Fast-Food-Geschäfts und Gründer von McDonald's, begann seine Karriere im Vertrieb von Milchshake-Maschinen. Erst im Alter von 52 Jahren wagte er den entscheidenden Schritt: Er kaufte 1961 die Rechte an McDonald's für 2,7 Millionen US-Dollar und formte das Unternehmen zu einem globalen Giganten. Mit unermüdlichem Einsatz und innovativem Denken veränderte Kroc die Restaurantbranche für immer.

Johanns Faust

Von seinem 21. bis zu seinem 57. Lebensjahr arbeitete Johann Wolfgang von Goethe am ersten Teil seines berühmten Werks „Faust". In dieser langen Schaffenszeit durchlief das Werk zahlreiche stilistische und inhaltliche Veränderungen. Obwohl Goethe bereits in jungen Jahren als talentierter Schriftsteller galt, erreichte er erst mit der Veröffentlichung von „Faust" im Alter von 59 Jahren seinen literarischen Höhepunkt. Dies machte Goethe zu einer Symbolfigur der deutschen Literatur.

Darwins späte Blüte

Mit 50 Jahren schrieb Charles Darwin Geschichte. Sein Werk „Die Entstehung der Arten" katapultierte ihn in den Olymp der Wissenschaft. Dabei war er bereits in jungen Jahren als Naturforscher bekannt, doch erst mit diesem Buch erlangte er weltweite Berühmtheit. Darwins Evolutionstheorie stellte das Verständnis der Biologie auf den Kopf und formte die moderne Wissenschaft. Seine Ideen zu den Ursprüngen des Lebens versetzten die Welt in Staunen.

Von der Herdplatte zum YouTube-Star

Die Inderin Mastanamma schaffte es im hohen Alter von über 106 Jahren zu weltweitem Ruhm. Wie? Mit tollen Kochvideos auf YouTube! Sie liebte das Kochen über alles und wollte dies mit der Welt teilen. Mit ihrem Charme und schier endlosen Enthusiasmus eroberte sie die Herzen ihrer Zuschauer im Sturm. Ihre traditionellen indischen Rezepte inspirierten Millionen von Menschen.

Masako Wakamiyas digitales Abenteuer

Japans älteste App-Entwicklerin – Masako Wakamiya! Mit 58 Jahren wagte die Japanerin den Sprung in die digitale Welt und kaufte sich ihren ersten Computer. Doch die pensionierte Bankkauffrau stieß schnell auf ein Problem: Es gab kaum Programme oder Anleitungen für Senioren wie sie. Also beschloss sie kurzerhand, sich selbst das Programmieren beizubringen. Mit 82 Jahren entwickelte sie ihre eigene App namens „Hinadan", eine Spiele-App speziell für ältere Menschen. Die ambitionierte App-Entwicklerin hatte viel Freude daran, ältere Menschen in die Welt des Internets zu locken.

Die goldene Onlinewelt

Mit 55 Jahren wagte Arianna Huffington das Unvorstellbare: Sie gründete die „Huffington Post", eine digitale Nachrichtenredaktion, die Huffington später für satte 285 Millionen Euro an AOL verkauft hat. Ursprünglich als politische Kommentatorin und Autorin bekannt, wurde Huffington durch ihr digitales Medienimperium zu einer Ikone der Online-Presse. Heute zählt sie zu den 100 einflussreichsten Persönlichkeiten der Welt.

Ein Mann, viele Wörter

Peter Roget, ein Arzt mit einer Leidenschaft für Sprache, veränderte die Welt im Alter von 73 Jahren, als er den ersten Thesaurus kreierte. Statt weiter in der Medizin zu arbeiten, widmete er sich der Zusammenstellung von Wörtern mit ähnlicher Bedeutung. Sein Werk, heute als der Rogets Thesaurus bekannt, ist nach wie vor eines der am häufigsten verwendeten Nachschlagewerke. Diese Geschichte zeigt deutlich: Es ist nie zu spät, unsere Leidenschaften zu verfolgen und die Welt zu beeinflussen.

Alter ist nur eine Zahl

Anna Mary Robertson Moses, besser bekannt als Grandma Moses, erlangte erst im stolzen Alter von 78 Jahren weltweite Berühmtheit als Künstlerin. Mit ihren idyllischen ländlichen Gemälden wurde sie schnell zu einer der bekanntesten amerikanischen Künstlerinnen des 20. Jahrhunderts. Obwohl sie erst spät begann, ihre Werke öffentlich auszustellen, fanden diese schnell großen Anklang beim Publikum. Eine ihrer bekanntesten Winterszenen, „Sugaring Off", erzielte 45 Jahre nach ihrem Tod bei einer Auktion sagenhafte 1,2 Millionen Dollar.

Reisen und Abenteuer - Fesselnde Fakten für Weltenbummler

Gruseliger Gruß aus Bern

In der Schweiz in Bern steht eine fast 500 Jahre alte Statue, die etwas Verschreckendes darstellt: Eine Brunnenfigur zeigt einen bärtigen Mann, der gerade dabei ist, ein Kind zu verschlingen. Dieser Brunnen nennt sich passenderweise „Kindlifresserbrunnen". Die Figur diente einst dazu, ungehorsame Kinder einzuschüchtern. Bitte was? Lautete die Message also: Sei brav, sonst kommt der Kindlifresser? Heutzutage ist der Brunnen nur noch eine skurrile Sehenswürdigkeit… hoffentlich.

Wo Hobbits, Elben und 200 Millionen Dollar leben

„Der Herr der Ringe" hat einen regelrechten Boom in Neuseelands Wirtschaft ausgelöst. Die Dreharbeiten für die Filme fanden von 1999 bis 2002 in verschiedenen Regionen Neuseelands statt, darunter Matamata, Wellington und Queenstown. Schätzungsweise hat die Filmtrilogie dem Land rund 200 Millionen Dollar eingebracht. Um die finanziellen Mittel und die steigende Anzahl von Touristen zu verwalten, wurde sogar die Position eines „Lord of the Rings Ministers" geschaffen.

Islands geheimnisvolle Welt

Elfen und Trolle, die sich durch die Weiten Islands bewegen und eng mit der Natur verbunden sind – um diese märchenhaften Wesen ranken sich zahlreiche Mythen. Tatsächlich glaubt ein Großteil der Bevölkerung an die Existenz eines Elfenreiches, das fernab der Menschen existiert. Dieser Glaube ist so stark, dass sogar eine Person vom Bauamt zur offiziellen Elfenbeauftragten ernannt wurde. Bis zu ihrem Tod im Jahr 2015 war Erla Stefánsdóttir dafür zuständig, Bauvorhaben zu überwachen und sicherzustellen, dass kein Elfenterritorium gestört wird. Sie behauptete, seit ihrer Kindheit Elfen sehen zu können und erstellte sogar Karten der verborgenen Welt. Diese Karten, die die Standorte von Gnomtunneln und Feenpalästen zeigen, sind immer noch in den Touristeninformationen von Reykjavík erhältlich.

Exotische Orte an der Ostseeküste

Wenn Sie einmal nach Brasilien oder Kalifornien reisen möchten, müssen Sie dafür Deutschland nicht verlassen. Diese 2 Orte gibt es wirklich in der Gemeinde Schönberg an der Ostsee. Brasilien liegt direkt am Meer und hat einen wunderschönen Sandstrand, der flach ins Wasser abfällt. Der Name Kalifornien soll der Überlieferung zufolge durch einen Fischer entstanden sein, der am Strand der Ostsee eine Schiffsplanke fand worauf das Wort „California" geschrieben war.

Dubais Polizei auf Überholspur

In den Vereinigten Arabischen Emiraten ist die Polizei oft in PS-starken Schlitten unterwegs. Porsche, Ferrari, Lamborghini, Bugatti und andere Flitzer sorgen dafür, dass Kriminelle nicht entkommen können. Im Falle einer Verfolgungsjagd durch Dubai hat niemand eine Chance gegen die Gesetzeshüter. Darüber hinaus ist der Einsatz von Luxusautos Teil einer Image-Strategie, um die Stadt als modern, sicher und wohlhabend zu präsentieren.

Wortakrobatik für Fortgeschrittene

Der Ort mit dem längsten und sicher auch unaussprechlichsten Namen Europas heißt Llanfairpwllgwyngyllgogerychwyrndrobwllllantysiliogogogoch und befindet sich in Wales. Selbst Bewohner kürzen ihn meist ab, anstatt das überlange Buchstabengewimmel auszusprechen. Was aussieht, als wäre ein Huhn über die Tastatur gelaufen, hat tatsächlich eine Bedeutung: „Marienkirche in einer Mulde weißer Haseln in der Nähe des schnellen Wirbels und der Thysilio-Kirche bei der roten Höhle" heißt in etwa die Übersetzung aus dem Walisischen. Aha, warum einfach, wenn's auch kompliziert geht.

Urlaub hinter Gittern

Einmal wie ein echter Gangster leben? Manche Abenteurer finden das durchaus spannend. In Lettland können Mutige ins Leben eines Verbrechers hineintauchen – nämlich im Gefängnis-Hotel von Karosta. Dieses ehemalige Militärgefängnis bietet einen Erlebnisurlaub, der nicht gerade mit Komfort punktet. Dafür dürfen Urlauber das Leben eines Häftlings nachempfinden, inklusive Übernachtung in der Zelle und unfreundlichen Wärtern. Karosta – wo der Spaß beginnt und die Freiheit endet!

Bhutan und das Glücksprinzip

Bhutan, ein asiatisches Königreich, hat besondere Regelungen getroffen wie zum Beispiel das Rauch- und Plastiktütenverbot. Seit 2005 ist der Verkauf und das Rauchen von Tabakprodukten gesetzlich verboten. Bereits seit 1999 gilt aus Umweltschutzgründen das Verbot von Plastiktüten. Des Weiteren misst das Land den Wohlstand nicht am finanziellen Reichtum, sondern an der Zufriedenheit und dem Glück seiner Bürger. Dafür spielen Faktoren wie die psychische Gesundheit, Bildung, Umweltqualität und kulturelle Vielfalt eine bedeutende Rolle. Wahrer Reichtum liegt eben nicht im Materiellen, sondern im Wohlbefinden der Menschen.

Die verrückte Welt der Gestik

In Albanien kann die Kommunikation mit Einheimischen schnell zu Missverständnissen führen, da die Gestik dort anders interpretiert wird. Hier bedeutet das Kopfschütteln „ja" und das Kopfnicken „nein". Ähnliche Kommunikationsweisen können auch Besucher in Indien, Sri Lanka und Bulgarien erleben. Das macht die Reise oft umso spannender! Diese Unterschiede in der Gestik sind kulturell bedingt und haben ihre Wurzeln oft in regionalen Bräuchen des jeweiligen Landes.

Klebriger Reis, feste Mauer

Die Chinesische Mauer verdankt ihre Standfestigkeit vor allem diesem Baumaterial: klebrigen Reis! Das ist kein Scherz, denn wissenschaftlichen Untersuchungen zufolge haben Arbeiter Reis benutzt, um hochwertigen Mörtel anzumischen. Laut der Forschungsergebnisse soll das besondere Material maßgeblich zur Stabilität des Jahrhundertbauwerks beigetragen haben. Übrigens: Mit 5.412 Kilometern ist eigentlich der Dingo-Zaun in Australien das längste Bauwerk der Erde und nicht die Chinesische Mauer. Die Chinesische Mauer erstreckt sich zwar über eine Länge von etwa 21.196 Kilometern, aber sie ist stellenweise nicht miteinander verbunden oder durch Berge und Flüsse unterbrochen.

Dunkle Zeiten, helle Magie

Wussten Sie, dass es in Norwegen einen Ort gibt, an dem es jeden Winter für etwa 7 Wochen rund um die Uhr dunkel ist? Tromsø, eine Stadt nördlich des Polarkreises, erlebt jedes Jahr die Polarnacht. Über einen Zeitraum von 7 Wochen geht deshalb die Sonne nicht auf. In Tromsø leben rund 77.000 Menschen, die sich auf diese Zeit einstellen, indem sie die Dunkelheit als eine Gelegenheit zum Entspannen und zur Gemütlichkeit betrachten. Viele Bewohner sowie Touristen erleben eine Zeit voller Magie: Die Nordlichter tanzen am Himmel und verwandeln die Stadt in ein leuchtendes Schauspiel.

Alt, älter, Hamburger Airport

In unserem Land erstreckt sich der älteste, ununterbrochen betriebene Flughafen der Welt: der Hamburger Airport. Mit seiner über 100-jährigen Geschichte nahm der Flughafen am 10. Januar 1911 seinen Betrieb auf. Andere Flughäfen wie der im Jahr 1909 eröffnete College Park Airport in den USA mögen zwar älter sein, aber sie wurden nicht kontinuierlich betrieben. Bis heute bleibt der Hamburger Flughafen ein Tor zur Welt, das Reisefreudige in ferne Länder bringt und das Fernweh stillt.

Der Zungenbrecher von Thailand

Bangkok, die pulsierende Hauptstadt Thailands, heißt eigentlich so: Krung Thep Mahanakhon Amon Rattanakosin Mahinthara Ayuthaya Mahadilok Phop Noppharat Ratchathani Burirom Udomratchaniwet Mahasathan Amon Piman Awatan Sathit Sakkathattiya Witsanukam Prasit. Dieser Name ist nicht nur eine bloße Aneinanderreihung von Wörtern, sondern trägt die reiche Geschichte und Bedeutung der Stadt. Er symbolisiert die kulturelle Vielfalt, die Bangkok zu einem faszinierenden Reiseziel machen.

Die etwas anderen Schwimmhilfen

In Russland findet in den Stromschnellen des Vuoksi-Flusses ein bizarres Spektakel namens „Bubble Baba Challenge" statt. Die Teilnehmer schwimmen im Wettbewerb den Fluss hinunter und nutzen dabei aufblasbare Sexpuppen als Schwimmhilfen. Mit bis zu 800 Teilnehmern ist das Event ein echtes Highlight. Die einzigen Bedingungen für die Teilnahme sind ein Mindestalter von 16 Jahren und das Bestehen eines Alkoholtests. Diese Challenge ist wahrlich ein Erlebnis der besonderen Art!

Klo-Knigge für die Nacht

In der Schweiz gilt wie überall auf der Welt: Man sollte auf die Toilette gehen, wenn man muss. Jedoch wird das Spülen der Toilette am späten Abend kritisch betrachtet, da die Schweizer ihre Nachtruhe sehr ernst nehmen – und diese ist von 22 bis 7 Uhr. In dieser Zeit gilt die Regelung, die Toiletten in Mehrfamilienhäusern leise zu benutzen. Es heißt nicht, dass man sich den Klogang verkneifen muss, aber das Spülen sollte bis zum Morgen warten.

Finnlands Flitzer

In Finnland kann schnelles Fahren ganz schön teuer werden, da die Polizei streng durchgreift und entsprechende Strafen verhängt. Anders als in Deutschland werden die Bußgelder jedoch nicht pauschal berechnet. Bis zu einer Überschreitung von 20 km/h droht eine feste Geldstrafe von bis zu 200 Euro. Aber bei einer Überschreitung von 21 km/h oder mehr werden Tagessätze basierend auf dem Einkommen des Fahrers berechnet. Je höher das Einkommen, umso höher fällt die Strafe aus! Also: In Finnland besser das Gaspedal im Zaum halten.

Automatum pecuniae Latinae

Das ist bestimmt jeden von uns schonmal passiert: Ein Tippfehler am Bankautomaten und plötzlich gibt es kein Geld. Normalerweise kein großes Problem, aber wenn der Automat eine Sprache spricht, die man nicht versteht, wird die Situation knifflig. Ein Beispiel ist der (einzige) Bankautomat im Vatikan. Dieser gibt Anweisungen ausschließlich auf Latein! Glücklicherweise sprechen die meisten Bewohner und Mitarbeiter des Vatikans Latein, die Amtssprache dort. Allerdings können nur die Kontoinhaber der Vatikanbank, darunter auch der Papst, Geld abheben.

Uhrzeit falsch, Teufel verwirrt

Wenn Sie in Malta sind und sich mit Freunden zu einer bestimmten Uhrzeit treffen möchten, sollten Sie sich nicht auf die Kirchturmuhren verlassen. Denn keine der Uhren auf Malta geht richtig, einige sind sogar nur Attrappen. Warum? Nun, viele Malteser sind nicht nur gläubig, sondern auch abergläubisch. Sie glauben an den Teufel und wollen verhindern, dass er pünktlich zum Gottesdienst erscheint. Die falschen Uhrzeiten auf den Kirchtürmen sollen den Teufel verwirren und den Maltesern ermöglichen, ungestört zur Kirche zu gehen.

Die unumstößliche Essensregel

Im Flugverkehr ist es wichtig, dass sowohl der Pilot als auch der Co-Pilot gut gestärkt und fit sind. Deshalb bekommen sie ihre Mahlzeiten direkt im Cockpit serviert. Doch hier muss das Team eine Besonderheit beachten: Aus Sicherheitsgründen dürfen Piloten nicht dasselbe essen. Warum? Falls ein Essen verdorben ist oder aus anderen Gründen gesundheitliche Probleme auslöst, muss der andere Pilot in der Lage sein, das Flugzeug zu führen. Also wählen sie unterschiedliche Menüs, um für alle Eventualitäten gerüstet zu sein.

Die gefährlichste Straße der Welt

Nichts für schwache Nerven! Die Yungas-Straße in Bolivien, „Straße des Todes" genannt, zählt zu den gefährlichsten weltweit. Über 80 Kilometer von La Paz nach Coroico führt sie durch enge, kurvige Abschnitte an steilen Klippen entlang. Trotz der extremen Gefahr zieht die Todesstraße viele Abenteurer und Mountainbiker an.

Das teuerste Flugticket der Welt

Ein Flugticket für über 60 000 Euro? Etihad Airways macht es möglich! Das wohl teuerste Flugticket der Welt führt Passagiere von New York City nach Abu Dhabi. Dabei erleben die Gäste Exklusivität pur in der privaten Suite namens „The Residence" an Bord des Airbus A380. Dort kümmert sich ein eigener Butler um das Wohlbefinden, während die Gäste in dieser Dreizimmer-Suite mit eigenem Badezimmer entspannen. Dieser Flug fühlt sich an wie ein Aufenthalt in einem erstklassigen Luxushotel.

Von Marathonreisen und Sprintflügen

Alle Passagiere des längsten Nonstop-Flugs der Welt haben ausreichend Zeit, sich gemütlich einzurichten. Dieser 18,5-stündige Flug führt von New York nach Singapur und umfasst eine Strecke von über 16.000 Kilometern. Währenddessen können die Gäste entspannt schlafen, Filme schauen und lesen. Auf dem kürzesten Flug der Welt bleibt Passagieren jedoch kaum Zeit zum Durchatmen. Zwischen den Inseln Westray und Papa Westray auf den Orkney Islands in Schottland dauert der Flug lediglich 47 Sekunden, da die beiden Flughäfen nur 2,7 Kilometer Luftlinie voneinander entfernt sind.

Hobbys und Wettbewerbe - Die bizarrsten Aktionen der Welt

Die Frau, die immer läuft

Christine Thürmer bezeichnet sich selbst als „unsportliche Endfünfzigerin mit Übergewicht, Hängebusen und Plattfüßen". Auch wenn man es ihr nicht ansieht, hält sie den Rekord für die meistgewanderte Frau der Welt. Nicht nur am Wochenende, sondern so gut wie immer ist sie unterwegs oder plant neue Touren. Und das ganz allein und seit mehr als 20 Jahren. Christine hat fast 70.000 Kilometer zu Fuß zurückgelegt. Im Jahr 2004 absolvierte diese bemerkenswerte Frau ihre erste Langstreckenwanderung von Mexiko nach Kanada, eine Strecke von 4.277 Kilometern.

Auf die Männer, fertig, los!

In Finnland geht die Post ab – und zwar beim Frauentragen! Beim diesem Wettbewerb sprinten Männer in einem anspruchsvollen Parcours um die Wette, aber hier kommt der Clou: Sie tragen ihre Partnerinnen auf dem Rücken! Die Tradition reicht bis ins 19. Jahrhundert zurück, als es üblich war, Frauen zu entführen. Heutzutage sind die Frauen hoffentlich freiwillig dabei und haben Spaß daran, auf ihren Männern durch die Gegend zu flitzen.

Höher, schneller, schöner

Beim High Heels Run brauchen die Teilnehmer einen richtig guten Gleichgewichtssinn. Auch das Laufen in hohen Absatzschuhen muss tadellos funktionieren. Die Wettkampfregeln sind knallhart! Die Absätze müssen mindestens 7,5 Zentimeter hoch und maximal 1,5 Zentimeter breit sein. Irene Sewell aus den USA stellte 2017 einen Weltrekord auf, indem sie einen Marathon in weniger als 7,5 Stunden auf High Heels absolvierte. Übrigens, Männer sind bei diesem verrückten Rennen ebenfalls herzlich willkommen!

Bügeln für Fortgeschrittene

Gehören Sie zu den Menschen, die liebend gerne Wäsche bügeln? Nein? Das geht den meisten so. Allerdings gibt es einige Hartgesottene, die Extrembügeln mit großer Freude ausüben. Das ungewöhnliche Hobby wurde 1997 von dem Engländer Phillip Shaw ins Leben gerufen. Statt in der Küche zu stehen, suchen Teilnehmer extreme Orte im Freien. Ob auf einem Boot, beim Fallschirmspringen oder sogar auf dem Gipfel des Kilimandscharo – je verrückter der Ort, desto besser. So kommt beim Bügeln garantiert keine Langeweile auf!

Das verrückte Käse-Rennen

Wenn eine Gruppe von Engländern einen steilen Hügel hinunter sprintet, um einen rollenden Käselaib einzuholen, dann ist der Cheese-Rolling-Wettbewerb im vollen Gange! Hier geht es nicht nur um Geschwindigkeit, sondern um den Mut, sich einen bis zu 110 km/h schnellen Gloucester-Käse zu stellen. Zum Vergleich: Sprint-Weltrekordler Usain Bolt erreicht etwa 37 km/h. Stolpern, fallen, überschlagen – nur die Mutigsten wagen den besonderen Wettlauf. Kein Wunder, dass der Cheese-Rolling-Wettbewerb zu einem der skurrilsten und am meisten geliebten Events in Großbritannien geworden ist!

Trällern wie ein Vögelchen

Einige Tierfreunde habe sich darauf spezialisiert, Vogelstimmen perfekt nachzuahmen. Weltweit finden Wettbewerbe statt, bei denen Vogelfans ihre ungewöhnliche Leidenschaft zum Besten geben. Die Wettkämpfe haben eine lange Tradition. Die Teilnehmer verwenden häufig spezielle Instrumente und Techniken, um die Klänge der Vögel möglichst realistisch zu imitieren. Diese skurrilen Veranstaltungen dienen nicht nur als Hommage an die Vogelwelt, sondern bieten Naturfreunden auch die Möglichkeit, die Vielfalt der Tiere auf ganz neue Weise zu erleben.

Achtung, Stiefel im Anflug!

In vielen ländlichen Regionen Europas, besonders in Deutschland und speziell in Ostfriesland, erfreut sich der Gummistiefelweitwurf großer Beliebtheit. Teilnehmer treten gegeneinander an, um einen Gummistiefel so weit wie möglich zu schleudern. Die besten Werfer erreichen oft erstaunliche Weiten von 30 bis 40 Metern! Diese Veranstaltungen locken sowohl Einheimische als auch zahlreiche Touristen an. Neben dem sportlichen Wettkampf sorgen Live-Musik und regionale Spezialitäten für eine ausgelassene und festliche Atmosphäre.

Steckenpferd statt echtem Gaul

Beim Hobby-Horsing ahmen die Teilnehmer die Bewegungen des Reitens mit einem Steckenpferd nach, statt einem echten Pferd. Vor allem bei Mädchen und jungen Frauen erfreut sich dieses außergewöhnliche Hobby zunehmender Beliebtheit. Das spiegelt sich in der wachsenden Zahl nationaler und internationaler Wettbewerbe wider. Die Teilnehmer stellen die Bewegungen des Spring- oder Dressurreitens im Parcours nach. Hobby-Horsing mag auf den ersten Blick kurios wirken, aber tatsächlich entwickelt sich dieser Trendsport zu einer ernstzunehmenden Disziplin.

Häschen, hüpf!

Haben Sie ein flauschiges Kaninchen zu Hause? Wie wäre es mit einem gemeinsamen Abenteuer? Dann könnte Kanin-Hop genau das Richtige für Sie sein! Bei dem besonderen Hobby trainieren Sie mit dem Langohr, über Hindernisse zu springen. Dieser Sport hat seine Ursprünge etwa vor 50 Jahren in Schweden. Kanin-Hop bietet die Möglichkeit, die Bindung zwischen Mensch und Tier zu stärken. Die Hindernisse und Parcours lassen sich an die Fähigkeiten des jeweiligen Kaninchens anpassen. Natürlich finden auch auf der ganzen Welt Wettbewerbe statt, bei denen die Häschen mehr oder weniger geschickt über die Hindernisse hoppeln.

Ein buntes Stadtabenteuer

Der Blick aus dem Fenster ist frustrierend? Alles grau und fahl? Das geht anders! Wenn Sie nach einem außergewöhnlich farbenfrohen Hobby suchen, sind Sie hier genau richtig. Beim Guerilla-Gärtnern und Guerilla-Stricken verschönern Sie den Ort, indem Sie mit gepflanzten Blumen oder Selbstgestricktem die Stadtlandschaft bereichern. Sie können in Ihrer Umgebung nach geeigneten Plätzen suchen, um mit Blumen oder auch Nutzpflanzen die Natur zurück in die Stadt zu holen. Mit Selbstgestricktem machen Sie den einen oder anderen Laternenpfahl bunter. Allerdings ist es nicht überall erlaubt, die Strickvorlieben oder seinen grünen Daumen auszuleben. Aber keine Sorge, die Erfahrung zeigt, dass Ordnungshüter oft ein Auge zudrücken, solange die Sicherheit anderer nicht gefährdet wird.

Das Runde muss ins Matschige

Beim Sumpffußball spielt Matsch eine entscheidende Rolle. Die Füße bleiben auch gerne mal im Schlamm stecken, deswegen gilt: Immer in Bewegung bleiben, sonst versinkt man! 2 Teams treten gegeneinander an mit dem Ziel, den Ball ins andere Tor zu schießen – genauso wie beim gewöhnlichen Fußballspiel. Jedes Team besteht aus 5 Spielern und einem Torhüter, die im Matsch jede Menge Kraft und Durchhaltevermögen aufbringen müssen. Dieses kuriose Hobby kommt aus Finnland. Dort finden auch jedes Jahr die Weltmeisterschaften statt.

Die verrückteste Sportart der Welt

Wie wäre es mit einer Mischung aus Volleyball, Fußball und einer Prise Akrobatik auf einem gigantischen, aufblasbaren Spielfeld? Dann auf zum Bossaball! Hier dreht sich alles um spektakuläre Sprünge und akrobatische Moves auf einem Trampolin, das mitten im Spielfeld steht. Kein Wunder, dass Bossaball als die verrückteste Sportart der Welt gilt! Der Belgier Filip Eyckmans erfand diese einzigartige Teamsportart im Jahr 2004. Seine Leidenschaft zur brasilianischen Musik und Kultur inspirierte ihn, diesen Sport ins Leben zu rufen. Eyckmans wollte ein Spiel erschaffen, das die rhythmischen Beats der Samba-Musik, den Wettbewerbsgeist des Mannschaftssports und die akrobatischen Bewegungen des Turnens vereint.

Die Performance zählt

Man hört Gitarrenklänge, aber der Musiker spielt anscheinend mit einem unsichtbaren Instrument: Willkommen beim Luftgitarren-Wettbewerb! Das ist ein weiteres Hobby aus Finnland, aber auch in Deutschland gibt es Musikfans, die das Luftgitarre-Spielen mit voller Hingabe perfektionieren. Die Künstler tun einfach so, als könnten sie das Instrument spielen. Dabei lassen sie die Sau raus und rocken ab, wie bei einem echten Konzert.

Magische Momente erleben

Wenn Sie schon immer mal eine Waldfee, einen Wikinger oder ein anderes magisches Wesen spielen wollten, dann sind Sie beim Live-Rollenspiel bestens aufgehoben. Mit diesem besonderen Hobby erleben die Teilnehmer verschiedene Welten und Zeiten. Begeisterte Mitspieler treffen sich, tragen außergewöhnliche Klamotten und verhalten sich entsprechend dem Fantasie-Charakter. Häufig spielen sie Szenen aus Büchern oder Filmen nach. Natürlich darf jeder seiner Fantasie freien Lauf lassen und sich auch eigene Storys ausdenken.

Mit Flosse und Fantasie

Hinein ins kühle Nass! Viele Menschen fühlen sich im Wasser pudelwohl. Wasserfans können in Fantasiewelten eintauchen, denn mit einem speziellen Anzug kann man sich in ein echtes Meereswesen verwandeln. In speziellen Mermaiding-Kursen lernen Teilnehmer, wie sie mit einer Schwanzflosse elegant durch das Wasser gleiten. Ob als anmutige Meerjungfrau oder stolzer Wassermann – beim Mermaiding kommt jede Menge Spaß auf.

Die Wurmkönige von England

Wer holt die meisten Krabbler ans Licht? Beim Worm Charming Championship in Willaston (England) versuchen Teilnehmer, so viele Würmer wie möglich aus dem Boden zu locken. Sie lassen den Boden vibrieren oder wenden andere Techniken an, um die Tierchen an die Oberfläche zu bringen. Der aktuelle Weltrekord liegt bei 567 Würmern in 30 Minuten.

Her mit dem Finger!

Jetzt sind starke Hände und vor allem kräftige Finger gefragt, denn beim Fingerhakeln geht's richtig zur Sache! Fingerhakeln ist ein traditioneller alpiner Wettbewerb, bei dem 2 Teilnehmer an einem Tisch sitzen und einen Finger des Gegners umschlingen. Sobald es los geht, versuchen beide, die Hand des anderen über die Tischkante zu ziehen. Diese lustig anzusehende Sportart erfordert nicht nur Kraft, sondern auch Geschicklichkeit und eine ausgeklügelte Strategie. Hin und wieder gelingt es dem Stärkeren nicht nur, die Hand seines Gegners über den Tisch zu ziehen: Oft liegt am Ende der gesamte Körper des Kontrahenten auf dem Tisch. Auf zum Fingerhakeln!

Zeh um Zeh

Wer glaubt, er habe schon alles gesehen, kennt noch nicht die verrückte Welt des Zehen-Wrestlings! Diese bizarre Sportart wurde 1976 in einem Pub in Staffordshire (England) erfunden. Eine Gruppe von Freunden wollte eine Sportart kreieren, bei der Briten besonders gut abschneiden könnten. So kam es, dass heutzutage Teilnehmer darum kämpfen, den großen Zeh ihres Gegners zu Boden zu drücken – ähnlich wie beim Armdrücken, nur mit den Füßen. Jedes Jahr finden im August die offiziellen Weltmeisterschaften in Derbyshire statt. Der Champion Alan „Nasty" Nash hat den Titel 16-mal gewonnen und beendete mit 63 Jahren seine Karriere als bekanntester Zehen-Wrestler der Welt.

Liebe und Partnerschaft - Wenn gemeinsame Träume wahr werden

Das Geheimnis ewiger Liebe

Die längste dokumentierte Ehe in der Geschichte dauerte unglaubliche 91 Jahre. Karam und Katari Chand aus Indien heirateten im Jahr 1925 und blieben bis zu ihrem Tod im Jahr 2016 zusammen. Das Geheimnis ihrer Ehe? Sie waren immer füreinander da, sind durch dick und dünn gegangen und haben niemals aufgehört, sich gegenseitig zu lieben – so einfach und doch so wertvoll!

Der längste Kuss der Welt

Das thailändische Paar Ekkachai und Laksana Tiranarat hält den Weltrekord für den längsten Kuss. Dieser Wettbewerb fand 2013 in Thailand statt und zog Paare aus aller Welt an, die um den Titel kämpften. Ekkachai und Laksana hielten ihren Kuss 58 Stunden, 35 Minuten und 58 Sekunden lang aufrecht. Während des Wettbewerbs mussten die Paare strenge Regeln befolgen: Sie mussten die ganze Zeit stehen und die Lippen ununterbrochen aufeinanderpressen, auch beim Toilettengang und beim Essen. Romantische Stimmung kam dabei sicher nicht auf.

Liebe kennt kein Alter

Im Jahr 2019 sorgte ein besonderes Ereignis für Aufsehen: Masao Matsumoto und Miyako Sonoda, beide im beeindruckenden Alter von 108 und 100 Jahren, gaben sich in Japan das Ja-Wort. Ihre Liebesgeschichte begann in einer Tagespflegeeinrichtung, wo sie sich kennenlernten und unzertrennlich wurden. Für das Paar war es ein unvergesslicher Moment, den Bund fürs Leben einzugehen und gemeinsam eine neue Reise anzutreten. Ihre Geschichte erinnert daran, dass es nie zu spät ist, die Liebe zu finden und das Leben in vollen Zügen zu genießen.

Treue Seelen

Eselspinguine gehen lebenslange Bindungen ein und bleiben ihren Partnern treu. Sie kehren jedes Jahr zum gleichen Brutplatz zurück und suchen ihren Partner aus dem Vorjahr. Darüber hinaus zeigen auch andere Vögel wie Albatrosse ähnliches Verhalten. Diese Seevögel können jahrelang nach ihrem verlorenen Partner suchen. Albatrosse leben monogam, selbst wenn sie sich über weite Strecken voneinander entfernen.

Dating-App für Kühe

Landwirte haben eine App namens Tudder entwickelt, die wie Tinder funktioniert – allerdings für Kühe! Über diese App können Tierhalter potenzielle Partner für ihre Rinder auswählen. Die Nutzer durchsuchen die Profile und treffen Entscheidungen basierend auf Faktoren wie Zuchtlinien sowie Produktivität. Die Idee, Rinder per App zu verkuppeln, mag zunächst absurd klingen. Aber die Entwickler von Hectare Agritech Limited und viele Landwirte finden die Idee innovativ und nutzen Tudder, um ihre Rinder zu paaren.

Die Sprache der Liebe

Die Inuit in Alaska haben eine besondere Tradition namens Iktsuarpok, die einen wichtigen Aspekt ihrer Liebe und Partnerschaft widerspiegelt. Das Wort bedeutet so viel wie „immer wieder aus dem Haus gehen, um nachzusehen, ob jemand kommt". Diese Tradition beschreibt die intensive Vorfreude und Erwartung, die sie empfinden, wenn sie auf die Ankunft eines geliebten Menschen warten.

Liebe auf den ersten Flug

Monarchfalter sind für ihre weiten Wanderungen bekannt, bei denen sie Tausende von Kilometern zurücklegen. Dabei wandern die Tiere über mehrere Generationen hinweg zwischen den USA und Mexiko, um dort zu überwintern. Während dieser Wanderungen bilden Monarchfalterpaare feste Bindungen und bleiben im Flug eng zusammen.

Die teuerste Hochzeit der Welt

Die Hochzeit zwischen Scheich Mohammed von Abu Dhabi und seiner Braut Prinzessin Salama im Jahr 1981 kostete sage und schreibe 100 Millionen Dollar. Um die Gäste unterzubringen, ließ der Scheich sogar ein Amphitheater errichten. Die Feierlichkeiten dauerten eine ganze Woche, aber die Braut war nicht dabei. Gemäß der Tradition der Beduinen verbrachte sie die Zeit allein in ihren Gemächern.

Liebe in Stein gemeißelt

Das Taj Mahal, ein atemberaubendes Gebäude in Indien, wurde vom Mogulkaiser Shah Jahan als Denkmal für seine geliebte Frau Mumtaz Mahal erbaut. Die Bauarbeiten begannen im Jahr 1632 und dauerten mehr als 20 Jahre. Die Schönheit und Symmetrie dieses Gebäudes spiegeln die aufrichtige Liebe und Hingabe des Kaisers an seine Frau wider. Als eines der 7 Weltwunder und als UNESCO-Weltkulturerbe zieht das Taj Mahal jährlich Millionen von Besuchern aus aller Welt an.

Wenn das Herz bricht

Nicht nur Gedichte und Lieder beschreiben das gebrochene Herz, sondern auch in der Medizin erregt es Aufmerksamkeit. Das Broken-Heart-Syndrom ist keine Romanze, sondern ein medizinischer Zustand. Dabei kann eine unerwartete körperliche Reaktion entstehen, wenn emotionale Achterbahnfahrten wie Liebeskummer oder ein großer Verlust ins Leben treten. Das kann zu ernsthaften Symptomen führen, die denen eines Herzinfarkts ähneln. Die gute Nachricht: Keine andere Herzmuskelerkrankung hat eine so gute Prognose wie das Broken-Heart-Syndrom. Die meisten Patienten erholen sich recht schnell.

Ein Jahr, eine Ehe

In einigen Teilen der Welt gab es früher ungewöhnliche Ehemodelle, die heute kurios erscheinen. Dazu zählt das historische Konzept der „Ehe auf Zeit" im alten Babylonien. Dort konnten Frauen eine Ehe eingehen, die auf einen begrenzten Zeitraum von einem Jahr beschränkt war. Nach Ablauf dieser Zeit hatten sie Entscheidungsfreiheit, ob sie die Ehe verlängern oder beenden wollten. Diese Möglichkeit verlieh Frauen eine gewisse Unabhängigkeit und Freiheit, die in anderen Kulturen zu dieser Zeit selten war.

Geheime Botschaften, versteckte Gefühle

Während der viktorianischen Ära im 19. Jahrhundert in Großbritannien war es üblich, Liebesbriefe in einer speziellen Geheimschrift zu verfassen. Das sollte die Intimität zwischen den Liebenden bewahren. Diese Briefe, bekannt als Billet-Doux, enthielten oft poetische Verse und romantische Botschaften. Auf diese Weise konnten Paare ihre Gefühle im Liebesbrief verbergen und sichergehen, dass neugierige Augen den Inhalt nicht entschlüsseln.

Kuriose Eheregeln

In einigen Ländern, darunter Deutschland, benötigten verheiratete Frauen bis in die späten 1960er und 1970er Jahre die Zustimmung ihrer Ehemänner, um außerhalb des Hauses arbeiten zu können. Außerdem war die Erlaubnis des Ehemannes erforderlich, um ein eigenes Bankkonto eröffnen zu dürfen. Dies spiegelte die Vorstellung wider, dass der Mann das Oberhaupt der Familie war und über wichtige Angelegenheiten entscheiden sollte.

Vom Alltag in die Wildnis

Die Schweizerin Corinne Hofmann verliebte sich während eines Kenia-Urlaubs in den Samburu-Krieger Lketinga. Entschlossen, ihrem Herzen zu folgen, verkaufte sie all ihren Besitz und zog 1987 nach Kenia. Dort bekamen sie eine Tochter und lebten 3 Jahre in Lketingas Dorf. 1990 kehrte Hofmann in die Schweiz zurück und verarbeitete ihre außergewöhnliche Liebesgeschichte in dem Bestseller „Die weiße Massai".

Die wahren Schätze des Lebens

Eine Langzeitstudie der Harvard-Universität hat folgendes belegt: Die Qualität unserer Beziehungen beeinflusst maßgeblich unser Glück und Wohlbefinden im späteren Leben. Personen, die liebevolle und unterstützende Beziehungen pflegen, sind im Alter glücklicher, gesünder und zufriedener. Dazu zählt nicht nur die Liebesbeziehung, sondern auch freundschaftliche und familiäre Verbundenheit. Die kostbarste Zeit ist jene, die wir mit Menschen verbringen, die uns am Herzen liegen. Albert Schweitzers Worte bringen es auf den Punkt: „Glück ist das Einzige, was sich verdoppelt, wenn man es teilt."

Gemeinsam bis zum letzten Atemzug

Im Jahr 1950 lernten sich Don und Maxine Simpson kennen. Schon bald darauf heiratete das amerikanische Paar. 62 Ehejahre später im Jahr 2014 sind beide gestorben – am selben Tag, Hand in Hand und nur wenige Stunden nacheinander. Diese Geschichte ging um Welt geht und rührte Millionen von Menschen. Das Ehepaar war immer zusammen, teilte alles miteinander – auch das Ende ihres Lebens.

Wie Liebe die Kreativität beflügelt

Seit Jahrhunderten dient die Liebe als Quelle der Inspiration für Künstler weltweit. Von Gemälden und Skulpturen bis hin zu Gedichten und Liedern: Die Liebe hat zahlreiche kreative Werke inspiriert, die die Schönheit und die vielschichtigen Facetten dieses Gefühls einfangen. In der Musik machen 50-60 Prozent aller Lieder die Liebe zum zentralen Thema, besonders in populären Genres wie Pop, Rock, R&B und Country.

Rekorde im Ja-Sagen

Bei diesem Rekord könnte man von heiraten im Akkord sprechen: Glynn Scotty Wolfe schloss von 1927 bis 1995 insgesamt 29 Ehen. In dieser Zeit wurde er Vater von 41 Kindern – das ist wahrlich eine große Patchwork-Familie! Ein weiterer Rekord ereignete sich im Jahr 2000 in einem Gefängnis in Brasilien: 123 Häftlinge heirateten gleichzeitig ihre Partner.

Allein zum Altar

Im Bundesstaat Texas in den USA genügt es, wenn nur ein Ehepartner bei der Trauung anwesend ist. Dies nutzten die Russen Ekaterina Dmitriev und Juri Malenchenko geschickt aus. Während Malenchenko als Astronaut bei der NASA im Weltall war, trat seine Verlobte mit einem Pappaufsteller ihres zukünftigen Mannes vor den Altar. Per Satellitenübertragung gaben sie sich dann das Ja-Wort.

Ein Meer aus Liebe

Eine der ungewöhnlichsten Hochzeitslocations der Welt war eine Unterwasserhochzeit im Jahr 2014. Ein Paar heiratete vor der Küste von Key Largo in Florida im Meer, umgeben von einem eigens angelegten Unterwasseraltar. Die lebendige Unterwasserwelt aus Korallen und Meeresbewohnern bildete die beeindruckende Kulisse ihrer Zeremonie. Die Zeremonie wurde von einem Tauchlehrer begleitet. Das Paar tauschte Ringe aus, während es von Freunden und Familienmitgliedern beobachtet wurde. Dabei saß die Hochzeitsgesellschaft gemütlich in einem Boot, da nur wenige Gäste mit in die Tiefe tauchten.

Die kürzeste Ehe aller Zeiten

Im Jahr 2019 ließ sich ein Ehepaar in Kuwait bereits nach 3 Minuten wieder scheiden. Der Grund? Die Frau stolperte und der Mann machte sich über sie lustig. Als er seine Gemahlin dann auch noch als „dumm" bezeichnete, wurde sie wütend. Die Braut verlangte die sofortige Beendigung der Ehe. So erfolgte die Annullierung bereits 3 Minuten nach der Eheschließung.

Die Liebesbrücke von Paris

Die Pont des Arts in Paris ist weltweit als „Liebesbrücke" bekannt. Anfang der 2000er Jahre begannen Paare, Vorhängeschlösser mit ihren Initialen an der Brücke zu befestigen und die Schlüssel in die Seine zu werfen, um ihre ewige Liebe zu symbolisieren. Dieser romantische Brauch zog viele Touristen an und wurde zu einem berühmten Symbol der Stadt. Allerdings führte das immense Gewicht der Schlösser – insgesamt etwa 45 Tonnen – zu erheblichen Schäden an der Brücke. 2015 entschied die Stadt Paris, die Schlösser zu entfernen. Obwohl es nun verboten ist, neue Schlösser an der Pont des Arts anzubringen, bleibt die Brücke ein beliebter Ort für romantische Momente. Einige der entfernten Schlösser wurden sogar versteigert, um Geld für wohltätige Zwecke zu sammeln.

Glück und Zufriedenheit - Geniale Geheimrezepte für ein entspanntes Leben

Die glücklichsten Länder der Welt

Jedes Jahr werden im „World Happiness Report" die glücklichsten Länder der Welt gekürt. Finnland und Dänemark führen die Glücks-Rangliste an. Dänemark glänzt bereits zum dritten Mal in Folge unter den Spitzenreitern. Mit entspannten Arbeitszeiten, idyllischen Küsten und einem starken Gemeinschaftsgefühl ist Dänemark ein wahres Wohlfühlparadies. Und das Beste: Ein nahezu kostenloses Gesundheitssystem und eine erstklassige Kinderbetreuung sorgen für eine hohe Lebensqualität. Aber auch Norwegen, Island, Schweiz, Kanada, Niederlande, Neuseeland, Australien und Schweden gehören zu den Top-10-Ländern für Glückseligkeit. Deutschland schneidet ebenfalls gut ab und landet 2023 auf Platz 16 – Glück gehabt!

Happy Food - Zugreifen und Glück tanken

Essen macht glücklich, sofern die richtigen Lebensmittel auf den Teller kommen. Zu den besonders stimmungserhellenden Nahrungsmitteln zählen beispielsweise Ananas und Bananen. In dem Obst steckt ein Stoff, der das Glückshormon Serotonin anstößt. Auch Schokolade enthält Inhaltsstoffe, die Wohlbefinden auslösen. Allerdings ist hier das richtige Maß entscheidend, denn zu viel davon bewirkt das Gegenteil. Der Zucker in der Schokolade zieht bei übermäßigem Verzehr Energie aus dem Körper. Weitere Happy Foods sind Chili und Pfeffer. Je schärfer die Gewürze sind, umso mehr Endorphine schüttet das Gehirn aus.

Das perfekte Duo

Für ein zufriedenes und harmonisches Leben sind diese 2 Zutaten von elementarer Bedeutung: Entdeckerfreude und Dankbarkeit. Wir sind von Natur aus mit Wissensdurst ausgestattet und wollen Erfahrungen sammeln – auch im Alter. Gleichzeitig bringt uns das Gefühl der Dankbarkeit in eine wunderbare Stimmung. Wer zu schätzen weiß, was er bereits (erreicht) hat, spürt mehr Lebensfreude und Leichtigkeit. Manchmal geht das im Laufe des Lebens verloren, aber jeder kann das wieder lernen. Wer beispielsweise aufschreibt, was den Tag über Schönes passiert ist (jede Kleinigkeit zählt), trainiert sein Gehirn auf Dankbarkeit.

Heilende Klänge

Musik bewegt, Musik heilt, Musik verändert – vor allem die Wahrnehmung der Gefühle. Angenehm empfundene Klänge erzeugen Freude und verbessern die Fähigkeit, Glück in den Gesichtern anderer zu erkennen. Musik, insbesondere durch Musiktherapie, kann den Heilungsprozess unterstützen. Musiktherapie fördert die psychische und körperliche Gesundheit, indem sie Ängste reduziert, Schmerzen lindert und die körperliche Koordination verbessert.

Der wahre Fitmacher

Glück hält fit. Zufriedenheit verlängert das Leben und unterstützt die Gesundheit im hohen Maße. Viele wissenschaftliche Studien belegen, dass glückliche Menschen seltener erkranken und langsamer altern. Wer eine positive Einstellung hat, entscheidet sich oft für eine gesunde Lebensweise. So entsteht ein idealer Kreislauf, denn wenn wir zum Beispiel ausgewogen und vitaminreich essen, sorgt die Nahrung für mehr Energie und Wohlbefinden. Mit einem Lächeln im Gesicht und einem zufriedenen Herzen ist das Leben einfach schöner – und länger.

Betreutes Lachen

Haben Sie schonmal was von Lachyoga gehört? Mit Lachyoga können Sie Ihre Glückshormone spielend leicht ankurbeln. Diese einzigartige Yoga-Praxis vereint Atemtechniken und sanfte Bewegungen mit fröhlichem Gelächter. Besonders am Anfang ist das simulierte Lachen ungewohnt, aber nach kurzer Zeit folgt meist ein Lächeln, das von Herzen kommt.

Gärtnern mit Freunden

In vielen Städten und Gemeinden gibt es Gemeinschaftsgärten, in denen Gartenfreunde Hand in Hand ans Werk gehen. Gemeinsames Gärtnern ist eine wunderbare Freizeitaktivität und zugleich eine Wohltat für die Seele. Forschungen zeigen, dass der Umgang mit Pflanzen und das Pflegen eines Gartens positive Effekte auf das psychische Wohlbefinden bewirken. Dabei geht es nicht nur ums Grünzeug, sondern auch um den Austausch mit anderen sowie der Entspannungszeit in der Natur.

Mit Lotto zum Glück?

Ein hoher Lottogewinn mag kurzfristig das Glücksempfinden in die Höhe schnellen lassen, aber erstaunlicherweise kehren die meisten Gewinner bald zu ihrem vorherigen Glücksniveau zurück. Dieses Phänomen, bekannt als „Hedonistische Anpassung", zeigt, dass Menschen sich im Laufe der Zeit an positive oder negative Ereignisse gewöhnen. Mit der Zeit stabilisiert sich das Glücksgefühl wieder und erreicht das gleiche Level wie vor dem freudigen Ereignis. Manchmal rutscht das Glück die Kellertreppe hinab, wenn Gewinner ihr Geld verschwenden und sich sogar verschulden.

Schaukelnd zum Glück

Ob im Park auf einer Schaukel oder zu Hause auf einem Schaukelstuhl – das sanfte Hin- und Herschaukeln kann Wunder bewirken! Es beruhigt nicht nur, sondern setzt auch Endorphine frei, die unsere Stimmung verbessern. Also, warum nicht öfter mal eine kleine Schaukelpause einlegen und den Moment genießen? Auch das Hüpfen auf einem Trampolin lässt die Glückskurve nach oben schnellen.

Farbenzauber für die Seele

Die Farben um uns herum beeinflussen unsere Stimmung. Gelb steht für Freude und Optimismus, Rot wirkt energetisierend, während Blau Ruhe ausstrahlt. Warum also nicht mit Farben experimentieren? Spielen Sie mit verschiedenen Farbtönen in Ihrem Zuhause oder Ihrer Garderobe. Lassen Sie sich überraschen, was das mit Ihrer Laune macht.

Kleine Auszeit, große Wirkung

Ein kurzes Nickerchen nach dem Mittag steigert das Glücksempfinden, wenn es zeitlich nicht ausufert. 15 bis 30 Minuten Ruhezeit bringt die Laune in Schwung. Wer länger ratzt, fühlt sich oft schläfriger als vor dem Nickerchen. Eine kurze Schlafpause trägt dazu bei, Stress abzubauen und die Stimmung zu verbessern. Gönnen Sie sich daher gelegentlich eine kurze Pause, um Ihre Tage mit mehr Freude und Energie zu genießen.

Tierische Glücksmomente

Lachen ist die beste Medizin – vor allem, wenn niedliche Tiere die Hauptrolle spielen! Studien enthüllen, dass das Anschauen von witzigen Tiervideos die Stimmung im Nullkommanichts verbessert. Die entzückenden Videos gehören zu den beliebtesten Clips in der Onlinewelt. Noch schöner: Tiere im echte Leben beobachten und streicheln. Das ist Balsam für die Seele und lässt vor allem das Gefühl der Einsamkeit verblassen.

Ab in die Sonne!

Sonnenschein bringt einen echten Boost für das Wohlbefinden. Sonnenlicht hilft bei der Produktion von Serotonin im Gehirn, einem wichtigen Neurotransmitter für das Glücksempfinden. Wenn Sie sich schlapp fühlen, dann kann ein kurzer Spaziergang unter freiem Himmel die Laune aufhellen. Auch wenn sich die Sonne hinter dicken Wolken versteckt, lohnt sich eine Runde in der Natur – das Licht sucht sich den Weg und erhellt das Gemüt.

Abhängen mit den Glücklichen

Glück ist ansteckend. Das Zusammensein mit zufriedenen Menschen erhöht die Wahrscheinlichkeit, dass sich jemand glücklich fühlt, um 15 Prozent. Das gilt nicht nur für Freunde. Wenn es fremde Menschen sind, steigt die eigene Freude um durchschnittlich 6 Prozent. Das sagen zumindest Glücksforscher. Glückliche Menschen machen andere glücklicher, indem sie einfach nur glücklich sind.

Warum die goldenen Jahre strahlen

In vielen Umfragen wird deutlich, dass Glück auch eine Altersfrage ist. Überraschenderweise sind Menschen über 65 oft glücklicher als diejenigen zwischen 18 und 24 Jahren. Woran könnte das liegen? Während junge Erwachsene mit vielen Entscheidungen jonglieren müssen, haben ältere Menschen diese Herausforderungen längst hinter sich gelassen. Mit ansteigender Lebenserfahrung kommt häufig die Gelassenheit, die in jungen Jahren oft fehlt.

Die Magie des Tanzens

Tanzen macht nicht nur Spaß, sondern hat auch viele Vorteile für die mentale Gesundheit. Eine Studie des New England Journal of Medicine fand heraus, dass regelmäßiges Tanzen das Demenzrisiko um bis zu 76 Prozent senken kann. Wenn man das Tanzbein schwingt, werden durch die komplexen Bewegungen die geistigen Fähigkeiten gestärkt. Na dann, Musik an und los geht's!

Gesundheit und Körper - Verrückte Fakten aus der Medizin

Willkommen im Kleintierzoo!

Unsere Haut ist ein wunderbarer Lebensraum für allerhand kleine Tierchen. Beispielsweise leben auf einer Ferse rund 80 Pilzarten. Aber auch im Bauchnabel lässt es sich scheinbar gut hausieren, denn hier fühlen sich circa 60 Bakterienarten pudelwohl. Jetzt zum Gesicht: Bei den meisten Menschen sind es einige hunderte Milben, die unseren Talg mampfen und fleißig umherwuseln. In den Augenbrauen halten sich die Krabbler auch gerne auf – ein perfekter Dschungel für Milben & Co.!

Zähne auf Abwegen

Obwohl es selten vorkommt, können in den Eierstöcken einer Frau Zähne wachsen. Diese eigenartigen Gebilde sind bekannt als Teratome – Tumore, die auch Haare, Knochen und andere Gewebe an ungewöhnlichen Stellen entwickeln. Teratome entstehen in den frühesten Entwicklungsstadien des Embryos, wenn sich Stammzellen des Gewebes abspalten und sich an verschiedenen Stellen im heranwachsenden Körper anlagern. Teratome wuchern auch in anderen Körperbereichen, aber besonders häufig in den Eierstöcken und in Hoden.

Wunderwerk Mensch

In weniger als einer Minute durchläuft das Blut den gesamten Körperkreislauf. Der durchschnittliche Körper einer Frau enthält etwa 5 Liter Blut, während Männer mit ihrer größeren Statur etwa einen Liter mehr haben. Das Blut macht etwa 8 Prozent unseres Körpergewichts aus. Mit einer Geschwindigkeit von bis zu 1,1 Metern pro Sekunde – das entspricht etwa 4 km/h – pumpt das Herz diese lebenswichtige Flüssigkeit durch Arterien, Venen und Kapillaren. Täglich muss das Herz mehr als 8.600 Liter durch die Adern pumpen. Einfach genial, was unser Körper Tag für Tag leistet!

Die Kunst der Regeneration

In der untersten Schicht der Oberhaut, der Epidermis, bilden sich ständig neue Zellen im Prozess der Hauterneuerung. Diese neuen Zellen schieben die darüberliegenden Zellen nach oben, wo sie austrocknen, verhornen und schließlich von der Haut abfallen. Jede Stunde werden etwa 600.000 Hautpartikel abgestoßen, was täglich rund 14 Gramm entspricht. Innerhalb von 28 Tagen wird die äußerste Schicht der Epidermis komplett ersetzt – also erneuern wir unser Äußeres einmal im Monat vollständig. Übrigens: Ein großer Teil des Staubes, der in unseren Räumen liegt, besteht aus Hautschuppen.

Die gefährliche Erektion

Die Brasilianische Wanderspinne, auch bekannt als Brasilianische Kammspinne, ist kein gewöhnlicher Netzbauer, sondern ein aktiver Jäger. Mit einer Größe von etwa 5 Zentimetern und einer Beinspannweite von bis zu 15 Zentimetern gehört sie zu den 3 giftigsten Spinnenarten. Ihr Biss kann starke, brennende Schmerzen, Herzrasen, Bluthochdruck, erhöhten Speichelfluss und Erbrechen verursachen. Bei Männern können zudem stundenlange schmerzhafte Erektionen auftreten, die unbehandelt zu Impotenz führen.

Achtung, ätzend!

Laborversuche zeigen: Magensäure kann Rasierklingen auflösen. Kommt die Flüssigkeit mit unserer äußeren Haut in Kontakt, verursacht Magensäure Verbrennungen. Dank einer schützenden Schleimschicht und der regelmäßigen Erneuerung der Zellen bleibt die Magenwand intakt. Dies verhindert, dass der Magen sich selbst verdaut. Erstaunlich, was Mutter Natur für faszinierende Dinge erschaffen hat!

Blutsaugende Heiler

In der Geschichte der Medizin spielten Blutegel eine wichtige Rolle. Bereits im alten Ägypten nutzten Heiler die schleimigen Blutsauger zur Behandlung von Krankheiten. Im Mittelalter vertrauten Mediziner darauf, dass Blutegel durch das Entziehen von „schlechtem Blut" Heilung bringen könnten. Obwohl ihre Verwendung heute weniger verbreitet ist, werden Blutegel in der modernen Medizin noch zur Wundheilung und Behandlung von Venenerkrankungen eingesetzt.

Die dunkle Seite der Medizin

Es ist kaum zu glauben, aber Ärzte nutzten einst eine schockierende Methode, um kranke Patienten zu behandeln: Sie nahmen ihnen literweise Blut ab. Der Grund? Eine antike Theorie namens Säftelehre. Diese Theorie besagt, dass Krankheiten entstehen, wenn die 4 Körpersäfte (Blut, gelbe Galle, schwarze Galle und Schleim) aus dem Gleichgewicht geraten. In vielen Fällen wurde ein Überschuss an Blut als Ursache für Krankheiten angesehen, was oft fatale Folgen hatte. Ärzte griffen zum Messer, ohne zu bedenken, dass sie Schwerkranken damit oft den Todesstoß versetzten.

Der skurrile Start des Vibrators

Begeben wir uns auf eine Reise ins 19. Jahrhundert. In dieser Zeit galt Hysterie oft als spezifisch weibliches Leiden und wurde mit merkwürdigen medizinischen Methoden behandelt. Frauendoktoren praktizierten häufig manuelle Genitalstimulationen zur vermeintlichen Heilung der Hysterie, bekannt als Pelviseinsatz oder Vaginalmassage. Diese Praxis war weit verbreitet und führte zur Entwicklung von Vibratoren als medizinische Hilfsmittel. Heutzutage dienen Vibratoren meist anderen Zwecken als der therapeutischen Behandlung.

Vom Schrecken der Lustseuche

Antibiotika wären eine ideale Lösung gegen die einst weit verbreitete „Lustseuche" Syphilis gewesen. Doch in früheren Zeiten waren diese Medikamente noch nicht verfügbar, also wurde auf Quecksilber zurückgegriffen. Es sollte den vermeintlichen „Schleim" beseitigen. Wenn die Patienten sich aufgrund des giftigen Metalls heftig übergaben, galt dies als Zeichen für den Erfolg der Behandlung. Doch die Anwendung von Quecksilber brachte kaum Veränderungen in Bezug auf die Krankheit. Schlimmer noch: Die Therapie führte zu einer Vergiftung durch Schwermetalle und die Menschen verstarben. Aber auch ohne Behandlung standen die Erkrankten vor düsteren Aussichten: Syphilis hinterließ für den Rest des Lebens Geschwüre und Narben. Im Spätstadium löste die Krankheit bei vielen Patienten Demenz aus, was letztendlich den Tod zur Folge hatte.

Heilender Dampf für den Po

Vor nicht allzu langer Zeit wurde Tabak als eine nützliche Substanz angesehen, die bei verschiedenen Beschwerden, einschließlich Darmproblemen, helfen sollte. Um die heilsamen Dämpfe direkt vor Ort anwenden zu können, entwickelten Mediziner Systeme aus Verbrennungskammern und Blasebälgen. Das ermöglichte den Patienten eine Art rektale Inhalation. Diese Methode sollte angeblich gegen Darmparasiten oder Koliken helfen und zugleich die allgemeine Vitalität steigern. Im 18. Jahrhundert wurden Tabak-Klistiere sogar als Erste-Hilfe-Maßnahme für Schiffbrüchige angesehen. Wenn jemand bewusstlos aus dem Wasser gerettet wurde, galt es als Standardverfahren, ihn mit Tabak zu „beleben" – ob rektal, oral oder beides gleichzeitig, darüber sind sich Wissenschaftler noch nicht ganz im Klaren.

Der ultimative Prostata-Wärmer

Heute ist bekannt, dass es in der Hose möglichst kühl bleiben sollte, um die Spermienqualität aufrechtzuerhalten. Im Jahr 1918 verfolgte das Unternehmen „Electro Thermal Company" einen etwas anderen Ansatz: Schön warm muss es sein. Deshalb erfanden die Ingenieure den „Thermalaid". Dabei handelte es sich um ein Gerät, das Männer rektal einführen konnten. Die Maschine war mit eine Glühbirne verbunden. Das Gerät verbreitete Wärme und ein leichter elektrischer Strom stimulierte die sensible Zone. Noch intensiver arbeitete der „Recto Rotor", der die Prostata stimulierte und die Muskeln im Analbereich massierte. Das ungewöhnliche Gerät sollte Verstopfungen verhindern beziehungsweise lösen.

Der gute Kot

Auch wenn es sich skurril anhört, diese Prozedur hat schon einigen Patienten geholfen: die Fäkaltransplantation. Zur Behandlung bestimmter Darmerkrankungen entnehmen Ärzte Stuhl von einem gesunden Spender und übertragen diesen in den Darm des Patienten. Die Grundidee dahinter ist, dass die gesunden Bakterien aus dem Spenderstuhl dem gestörten Darm des Empfängers bei der Genesung helfen. Die guten Bakterien breiten sich aus und unterstützen die Darmflora, wieder ins Gleichgewicht zu kommen.

Von gefährlichen Federn und bedrohlichen Glatzen

Angst beschreibt eine Emotion, die jeden von uns ab und zu heimsucht. Doch Ängste können auch ausarten. In der Medizin ist die Liste der Phobien lang. Es gibt fast nichts, was es nicht gibt. Caligynephobie beschreibt die Angst vor schönen Frauen und Peladophobie die Panik vor glatzköpfigen Menschen. Wer unter Pteronophobie leidet, hat Angst vorm Kitzeln mit Federn. Abibliophobie umfasst die Angst vor einem Mangel an Büchern.

Wenn beim Handstand der Hunger anklopft

Kopfüber etwas essen oder trinken? Das geht! Aber Moment mal: Wie kann Flüssiges oder Nahrung nach oben fließen? Unser Körper ist superschlau, denn die Speiseröhre ist ein Muskelschlauch. Sobald Essen oder Trinken in die Speiseröhre gelangt, schieben die Muskeln das Geschluckte in Wellenbewegungen Richtung Magen. Diese Bewegungen verhindern, dass alles einfach herunterrutscht – ganz egal, ob kopfüber oder nicht. Die Speiseröhre arbeitet unabhängig von unserer Körperposition immer gleich. Lust auf einen Praxistest?

Ein Hoch auf den Musculus gluteus maximus!

Unser Po ist riesig, jedenfalls im Vergleich zu anderen Primaten. Der größte Muskel des Menschen, der Gesäßmuskel, macht uns zu perfekten Läufern. Der Muskel mit dem schönen Namen Musculus gluteus maximus verleiht uns Kraft und Stabilität. Andere zweibeinige Läufer wie das Känguru nutzen oft ihren großen Schwanz als Gegengewicht zum nach vorne geneigten Rumpf. Beim Menschen übernimmt jedoch das Gesäß diese wichtige Aufgabe.

Pupsen oder Atmen?

Lediglich 30 Prozent der Darmgase entstehen während der Verdauung. Der Großteil ist Luft, die wir beim Essen und Trinken verschlucken. Die meisten Gase werden von der Darmwand aufgenommen und zur Lunge transportiert, wo sie mit der Atemluft wieder nach außen gelangen. Nur ein kleiner Teil verlässt den Körper übers Pupsen. Durchschnittlich produziert ein Mensch täglich 15 Darmwinde.

Fleißige Sinne

Unsere Ohren sind ein faszinierendes Wunderwerk der Natur. Das Sinnesorgan arbeitet rund um die Uhr, ohne je eine Pause einzulegen. Die Lauscher sind so kompliziert aufgebaut, dass kein Ingenieur sie nachbauen könnte. Das nur 0,1 Millimeter dicke Trommelfell ist erstaunlich widerstandsfähig und hält beträchtlichem Druck stand, ähnlich einem Fahrradschlauch. Doch das ist noch nicht alles: Selbst im Schlaf nimmt unser sensibles Gehör Geräusche wahr, um uns im Notfall zu alarmieren.

Der schlaue Energiefresser

Das menschliche Gehirn, verantwortlich für komplexe kognitive Prozesse wie Denken, Lernen und Erinnern, hat trotz seines geringen Gewichts einen erheblichen Energiebedarf. Es macht nur 2 Prozent des Körpergewichts aus, verbraucht jedoch etwa ein Viertel der im Ruhezustand produzierten Energie. Bei Säuglingen, deren Gehirn noch stark wächst und sich entwickelt, ist der Energieverbrauch des Gehirns sogar noch höher: Es verbrennt rund 60 Prozent der verfügbaren Energie.

Eine beachtliche Geschwindigkeit

Beim Niesen katapultiert sich die Atemluft mit einer Geschwindigkeit von über 160 km/h aus unserem Körper. Ursprünglich ein Schutz gegen Gefahren wie Staub oder Erkältungen, kann ein Nieser auch durch grelles Sonnenlicht oder sexuelle Erregung ausgelöst werden. Kurioserweise schließen wir beim Niesen instinktiv unsere Augen, um sie vor der austretenden Luft zu schützen.

Was unser Bauch schluckt

Unser Körper hat ganz schön zu tun mit den Leckereien, die wir täglich konsumieren. Ein Mensch verdaut jährlich etwa 330 Kilogramm Nahrung, darunter 60 Kilogramm Fleisch und 104 Kilogramm Gemüse. Der Darm, unser zweitgrößtes Organ, erstreckt sich auf eine Fläche von 300 Quadratmetern und misst ungefähr 8 Meter in der Länge. Würde man ihn vollständig entfalten, wäre seine Oberfläche sogar größer als ein Tennisfeld.

Es wird schleimig

Im Laufe eines Lebens produzieren Speicheldrüsen ungefähr so viel Speichel wie 2 Schwimmbecken fassen können. Täglich entspricht das circa 1,5 Liter. Der Speichel ist reich an bakterienhemmenden Substanzen, die entscheidend für die Zahngesundheit und die Verdauung sind. Zudem brauchen wir die Flüssigkeit für unseren Geschmackssinn: Ohne genügend Feuchtigkeit auf der Zunge würden wir kaum etwas schmecken.

Die Geburt der Wunderpille

In Sandwich, England, entdeckten Forscher eine Lösung für Herzprobleme – den Stoff Sildenafil, der die Blutgefäße erweitert. Doch bald zeigte sich eine unerwartete Nebenwirkung: Erektionen. Eine Nebenwirkung, die für einige Patienten eine willkommene Folge darstellte. So kam es, dass Viagra rasant den Markt stürmte. Die Zulassung von Viagra im Jahr 1998 markiert den Beginn des Erfolgs der kleinen blauen Pille. Interessanterweise ist Viagra das am häufigsten gefälschte Medikament der Welt.

Das Geheimnis der Langlebigkeit

In den Blue Zones scheint die Zeit anders zu ticken, während die Menschen dort scheinbar das Geheimnis eines langen und erfüllten Lebens entschlüsselt haben. Blue Zones sind Gebiete auf der Welt, in denen Menschen überdurchschnittlich gesund und glücklich alt werden. Zu den bekanntesten Blue Zones gehören Okinawa in Japan, Sardinien in Italien, Nicoya in Costa Rica, Ikaria in Griechenland und Loma Linda in Kalifornien. Was ist ihr Geheimnis? Vielleicht liegt es an ihrer einfachen Lebensweise und dem traditionellen Ernährungsstil, der reich an frischen Produkten ist. Auch der gemeinschaftliche Zusammenhalt, der den Menschen ein Gefühl von Zugehörigkeit und Sinn vermittelt, spielt eine wichtige Rolle.

Der Mann, der alles schluckte

Ein medizinischer Extremfall erschütterte die 1960er Jahre: Ärzte in den USA entdeckten im Magen eines Patienten über 2.500 Fremdkörper! Diese unglaubliche Geschichte dreht sich um einen Mann, der an Pica litt, einer seltenen Essstörung, bei der Betroffene ungenießbare Gegenstände wie Nägel, Schrauben und Münzen verschlucken. Pica kann durch psychologische und medizinische Faktoren wie Mangelernährung, Zwangsstörungen oder Schizophrenie entstehen. Über Jahre hinweg verschluckte der Patient diese Gegenstände, bis er schließlich operiert werden musste, um sein Leben zu retten.

Rekorde und Leistungen - Von riesigen Kuckucksuhren und stolzen Ballerinas

Wenn der Berg ruft

Insgesamt fünfmal bestieg Reinhold Messner den Nanga Parbat. Noch heute gilt der Berg als einer der anspruchsvollsten Achttausender. Die steilen Routen, extreme Wetterbedingungen und die hohe Lawinengefahr verlangen auch erfahrenen Bergsteigern alles ab. Beim ersten Versuch musste Messner den tragischen Verlust seines Bruders hinnehmen und selbst schwere Verletzungen erleiden. Reinhold Messner wird als einer der besten Bergsteiger aller Zeiten angesehen. Er ist vor allem dafür bekannt, als erster Mensch alle 14 Achttausender ohne zusätzlichen Sauerstoff bezwungen zu haben.

Die ältesten Ballerinas der Welt

In Berlin-Reinickendorf beweisen Ballerinas im Alter von bis zu 87 Jahren, dass man nicht jung sein muss, um auf einer großen Bühne klassisches Ballett zu tanzen. In der Ballettgruppe des „Clubs der Lebensfrohen e.V." bringen es 11 Damen auf stolze 840 Jahre Lebenserfahrung. „Wir machen das, bis wir umfallen", erklärt Leiterin Barbé Schmidt selbstbewusst. Für jede ihrer Aufführungen schneidern die Tänzerinnen ein neues Kostüm. So glückliche Ballerinas sieht man wirklich nicht alle Tage. Übrigens traten sie 2017 als „Golden Girls" in der RTL-Show „Supertalent" auf.

11 Tage wach

Randy Gardner aus den USA hält den Weltrekord für die längste dokumentierte Zeit ohne Schlaf. 1964 blieb er unter ärztlicher Beobachtung 11 Tage lange wach. Trotz medizinischer Bedenken zeigt das Experiment die erstaunliche Anpassungsfähigkeit des menschlichen Geistes. Die extremen Bedingungen schalteten bei Randy enorme Kräfte frei. Nach 264 Stunden und 24 Minuten ist er am Ziel. Rekord gebrochen. Während der Pressekonferenz verhaspelt sich der junge Mann kein einziges Mal. Danach legte er sich ins Bett und schlummerte knapp 15 Stunden. Er erholte sich überraschend schnell von der Belastung und kehrte nach seinem Nickerchen zurück zu seinem normalen Alltag.

Eine ziemlich enge Tierbegegnung

Im Jahr 2012 stellte der chinesische Bienenzüchter She Ping einen Weltrekord auf. Er trug insgesamt 33,1 Kilogramm Bienen auf seinem nackten Körper. Der Chinese ließ sich circa 460.000 Insekten auf seinen Körper legen, sogar auf sein Gesicht. Von unten nach oben besetzten ihn die Krabbeltiere, sodass am Ende fast nichts mehr von She Ping zu sehen war. Bienenstiche? Oh ja, davon musste er viele ertragen. Allerdings machte ihm das nichts aus. Für diesen Rekord braucht man wirklich eine gehörige Portion Mut und Nerven aus Stahl.

Groß, größer, am größten

Der größte Mensch der Welt heißt Sultan Kösen und stammt aus der Türkei. Er ist 251 Zentimeter groß und wiegt ungefähr 155 Kilogramm. Seit 2011 hält er den Guinness-Weltrekord. Seine Schuhgröße beträgt 62, was einer Länge von 44,5 Zentimetern entspricht. Sein ungewöhnliches Wachstum begann mit 10 Jahren. Ärzte entdeckten einen Tumor hinter seinem Auge und stellten fest, dass Sultan von Riesenwuchs betroffen ist.

Ein ganz langes Leben

Jeanne Calment, eine Französin, hält den Rekord als der älteste Mensch. Ihre Lebensdauer wurde von renommierten Institutionen anerkannt, da es verlässliche Dokumente zum Geburtsjahr gab. Sie erreichte ein Alter von unglaublichen 122 Jahren und 164 Tagen alt. Die Dame lebte von 1875 bis 1997. Es gibt weltweit einige Menschen, die behaupten, noch älter zu sein. Allerdings liegen dafür keine Nachweise vor.

Kuckuck, Kuckuck… ruft's aus der Uhr

5 Jahre dauerte es, um in Triberg im Schwarzwald einen tickenden Weltrekord aufzustellen. In dem beschaulichen Städtchen im Südwesten Deutschlands bauten fleißige Handwerker die weltgrößte Kuckucksuhr! Das 4,50 mal 4,50 Meter große Uhrwerk mit bis zu 2,60 Meter großen Holzzahnrädern können sich Interessierte bei Führungen von innen ansehen. Die gesamte Uhr kommt auf 6 Tonnen Gewicht, der Kuckuck wiegt 150 Kilogramm und das Pendel ist 8 Meter groß.

Noch ein riesiger Rekord aus Deutschland

Der Kirchturm in Ulm am Rand der Schwäbischen Alb ist mit 161,53 Metern der höchste der Welt. Um zur Aussichtsplattform zu gelangen, müssen Besucher 768 Stufen erklimmen. An klaren Tagen reicht der Blick von dort bis zu den Alpen. Das Ulmer Münster, das im Zweiten Weltkrieg kaum Beschädigungen davontrug, wurde rund 200 Jahre lang erbaut. Im Jahr 1890 endeten die Bauarbeiten und das fertige Münster ragte in den Himmel.

Der Schiefe Turm von Bad Frankenhausen

In Thüringen, genauer gesagt in Bad Frankenhausen, leben ungefähr 10.000 Leute. Und in diesem kleinen Ort gibt es etwas ganz Besonderes zu bestaunen: Einen Turm, der noch schiefer ist als der berühmte Schiefe Turm von Pisa! Sein Überhang beträgt ganze 4,6 Meter, während der Schiefe Turm von Pisa nur auf 3,9 Meter kommt. Experten berechneten, dass der Turm spätestens im Jahr 2092 komplett einstürzen würde. Doch dann wurden Gelder für seine Sanierung aufgetrieben. Obwohl der Turm noch schief steht, besteht vorerst keine Gefahr mehr, dass er umfällt.

Nichts für Leute mit Platzangst

Deutschland hat sogar die engste Gasse der Welt zu bieten: die Spreuerhofstraße in Reutlingen. Sie ist nur 31 Zentimeter breit, so schmal, dass man sich dort nur seitwärts hindurchquetschen kann. An beiden Enden dieses engen Durchgangs hängen Schilder, die auf diesen Rekord hinweisen. Da die Schilder oft gestohlen wurden, sind sie nun mit Spezialplomben gesichert.

Der riesige Hund

734,08 Meter lang und 2 Tonnen schwer: Der längste Kuchen der Welt ist ein Kalter Hund. Im Dezember 2017 stellten Schüler der Berliner Philipp-Reiss-Schule mit dieser extralangen Nascherei einen Weltrekord auf. Das beeindruckende Backwerk sorgte nicht nur für Aufsehen, sondern diente auch einem guten Zweck: Der gesamte Erlös von 10.000 Euro aus dem Verkauf des Kuchens wurde an den Berliner Verein „Kinderträume e.V." gespendet.

Nagelkunst am Limit

Lee Redmond aus den USA hält den Rekord für die längsten natürlichen Fingernägel. Von 1979 bis 2009 ließ sie ihre Nägel wachsen und pflegte sie liebevoll, bis sie im Jahr 2008 eine Gesamtlänge von 8,65 Metern erreichten. Leider verlor sie ihre Nägel im Jahr 2009 bei einem Autounfall. Redmond bezeichnete diesen Verlust als den dramatischsten Moment ihres Lebens. Odilon Ozore, ebenfalls aus den USA, hält seit 2018 den Rekord für die längsten künstlichen Fingernägel. Er kreierte 10 künstliche Nägel, die jeweils 1,21 Meter lang sind.

Weltrekord bei „Wetten, dass...?"

Im Jahr 2009 trat der damals 13-jährige Maiko Kiesewetter bei der ZDF-Kultshow „Wetten, dass...?" auf. Sein Ziel: Dartpfeile an eine Wand werfen und dann auf ihnen hinaufklettern. Die anderen Show-Teilnehmer glaubten nicht so recht an Maikos Plan, denn dieser schien völlig abwegig zu sein. Doch er erreichte sein Ziel, indem er auf eine Höhe von 5 Metern kletterte. Seine Leistung katapultierte ihn direkt zum Weltrekord!

Der Schatz im Bauchnabel

Graham Barker aus Australien stellte einen eigenwilligen Rekord auf. Über einen Zeitraum von 26 Jahren sammelte er Fusseln aus seinem Bauchnabel. Das Ergebnis: 22,1 Gramm Material, aufbewahrt in 4 Glasdosen! Seine Sammlung brachte ihm tatsächlich einen Eintrag ins Guinness-Buch der Rekorde ein. Auf kritische Fragen, die darauf abzielen, weshalb er dieser ekligen Leidenschaft nachgeht, antwortet er nicht. Er betrachtet das als völlig normal. Der Australier sammelt fleißig weiter.

Mut, Risiko und unzählige Knochenbrüche

Der legendäre Stuntman Robert „Evel" Knievel Jr. erreichte einen Weltrekord, den er lieber vermieden hätte: Er erlitt während seiner Karriere 433 Knochenbrüche. Trotz all dieser Verletzungen war der Amerikaner so zäh wie ein Kaugummi unterm Schuh – kein Unfall konnte ihn davon abhalten, weitere riskante Stunts zu vollführen. Doch schließlich, im Jahr 2007, verstarb der weltbekannte Knievel im Alter von 69 Jahren an Lungenversagen.

Der lebende Blitzableiter

Roy Sullivan, ein Wildhüter aus den USA, hält den Rekord als Mensch, der am häufigsten vom Blitz getroffen wurde. Erstaunlicherweise überlebte er sage und schreibe 7 Einschläge so gut wie unbeschadet! Die Wahrscheinlichkeit, so oft vom Blitz getroffen zu werden, ist statistisch gesehen viel geringer als ein Lottogewinn. Doch Sullivan arbeitete als Wildhüter in einem Nationalpark, wo er vorrangig im Freien war. Und in Virginia gibt es etwa 40 Gewittertage pro Jahr. Wie er all diese Blitzeinschläge überlebte, bleibt bis heute ein Rätsel für die Wissenschaftler.

Mehr als nur eine Sitzgelegenheit

Klingt unglaublich, aber in der Schweiz ist es tatsächlich möglich, mit 3.000 Personen auf einer Bank Platz zu nehmen. Dort befindet sich nämlich die längste Holzbank der Welt! Mit einer Länge von ganzen 1.013,32 Metern schlängelt sie sich durch die malerischen Hügel des Appenzellerlandes, ein Paradies für Wanderbegeisterte. Ein interessantes Detail: Ursprünglich als Marketingaktion eines Schweizer Käseherstellers gedacht, trägt die Bank Namensschilder von Personen, die sich dafür auf Facebook registriert haben.

Der 400-Kilo-Koloss von Sint-Niklaas

Belgien ist bekannt für seine Vielfalt an Kuriositäten. Doch kennen Sie schon diese? In Sint-Niklaas befindet sich das Pijp- en Tabaksmuseum (Pfeifen- und Tabaksmuseum), das eine riesige Attraktion beherbergt: die größte Zigarre der Welt! Hergestellt aus etwa 9.300 Tabakblättern, wiegt dieser Gigant 400 Kilo und misst ganze 6,43 Meter in der Länge. Diese imposante Zigarre wurde 2008 von 20 Experten in einer 20-tägigen Arbeit gefertigt. Sie soll die Tradition des Tabakanbaus sowie der Zigarrenherstellung in Belgien repräsentieren.

Einmal kräftig zubeißen

2007 wagte der Malaysier Rathakrishnan Velu eine außergewöhnliche Aktion: Er zog eine Eisenbahn. Doch das Besondere daran war die Methode, die er dabei anwendete. Denn statt seine Arme oder Hände zu benutzen, zog er die 297 Tonnen allein mit seinen Zähnen! Das entspricht 6 Eisenbahnwaggons und 3 Lokomotiven, die er 2,8 Meter weit beförderte. Hoffentlich haben das seine Zähne unbeschadet überstanden.

Von rollenden Erbsen und brennenden Kerzen

Einmal tief einatmen und dann kräftig pusten! Hier geht es nicht um einen Alkoholtest: David Rush versuchte, seinen 250. Guinness-Weltrekord zu knacken. Sein Ziel? Eine Erbse so weit wie möglich zu pusten, alles in einem Atemzug. Und er schaffte es! Die Erbse rollte ganze 26,88 Meter über den Boden, bevor dem Mann die Luft ausging. Der bisherige Rekord lag bei 16,1 Metern, also hat Rush diesen um einiges übertroffen. Der US-Amerikaner ist bekannt für seine skurrilen Weltrekorde. David Rush brach beispielsweise auch den Rekord für die meisten gleichzeitig in seinem Mund angezündeten Kerzen (150!). Mit den Rekorden möchte der Familienvater das Interesse an naturwissenschaftlichen Berufen wecken.

Naturphänomene und Geografie - Faszinierende Orte und unerklärliche Ereignisse

Wenn der Fluss brodelt

Einst hielt man ihn für eine Legende, aber tief versteckt im peruanischen Amazonasgebiet gibt es einen kochenden Fluss. Im Grunde kocht er nicht wirklich, sondern bewegt sich nur ein paar Grad unter dem Siedepunkt. Aber das Wasser ist heiß genug, um den Regenwald in ein dampfendes, mystisches Paradies zu verwandeln – und ungeschickte Tiere bei lebendigem Leib zu kochen. Der National Geographic-Forscher Andrés Ruzo untersuchte den heißen Fluss und entdeckte, dass die Wärme aus dem Inneren der Erde kommt, so ähnlich wie bei Geysiren.

Der singende Sand von Dunhuang

In der Wüste Gobi in der chinesischen Provinz Gansu befindet sich eine einzigartige Düne, die als „Singing Sand Dunes" bekannt ist. Unter bestimmten Bedingungen, wenn der Sand die richtige Feuchtigkeit sowie Temperatur aufweist und der Wind entsprechend weht, erzeugt er einen mysteriösen Klang. Die genaue Ursache dieses Phänomens ist noch nicht vollständig verstanden, aber es fasziniert Besucher seit Jahrzehnten.

Wenn der Himmel blutet

In der südindischen Region Kerala gab es wiederholt Berichte über einen ungewöhnlichen roten Regen – wie Blut tropfte es vom Himmel. Statt des üblichen klaren Regens erschienen die Tropfen rot gefärbt. Ursprünglich dachte man, der rote Regen sei durch atmosphärische Phänomene oder Verschmutzung verursacht worden. Spätere wissenschaftliche Untersuchungen ergaben jedoch, dass die rote Farbe von den Sporen eines Algenpilzes stammte.

Die pinken Seen von Australien

Farbenfroh und wunderschön – so präsentieren sich im Westen Australiens mehrere pinkfarbene Seen, darunter der berühmte Lake Hillier auf der Insel Middle Island. Die Farbe des Sees entsteht durch Salz und spezielle Mikroorganismen, die das Pigment Carotinoid produzieren. Neben Lake Hillier locken auch die Seen Lake Eyre und Lake MacDonnell zahlreiche Touristen an. Diese pinkfarbenen Gewässer bieten nicht nur einen atemberaubenden Anblick, sondern tragen auch zur ökologischen Vielfalt der Umgebung bei.

Das Tor zur Hölle

Jetzt wird's gruselig: In der Wüste Karakum in Turkmenistan befindet sich das „Tor zur Hölle" oder auch „Das ewige Feuer von Derweze" genannt. Diese leuchtende Kraterlandschaft ist das Ergebnis eines missglückten sowjetischen Bohrprojekts aus den 1970er Jahren. Seitdem lodert es dort ununterbrochen. Das leuchtende Feuer brennt so heiß und mit einer so hohen Intensität, dass es äußerst gefährlich wäre, es zu löschen. Ein solcher Versuch könnte unvorhersehbare Folgen haben. Aus diesem Grund hat man sich entschieden, das Feuer einfach weiterbrennen zu lassen.

Wenn Kunst auf Wüste trifft

Reisen wir gedanklich nach Peru. Wir befinden uns in der Wüste und plötzlich entdecken wir riesige geheimnisvolle Zeichen, die in den Boden eingraviert sind – das sind die Nazca-Linien! Die seltsamen Muster, die Tiere, Pflanzen, geometrische Formen und abstrakte Designs darstellen, stammen vermutlich aus der Zeit zwischen 500 v. Chr. und 500 n. Chr. und wurden von den alten Nazca-Kulturen geschaffen. Heute zählen die Linien zum UNESCO-Weltkulturerbe und ziehen jährlich zahlreiche neugierige Besucher an. Übrigens: Niemand weiß wirklich, warum sie gemacht wurden oder was ihre Bedeutung ist. Das hat zu allerlei Spekulationen und Theorien geführt, die bis heute ein großes Rätsel bleiben.

Im Bann des Ozeans

Tauchen wir ein in die geheimnisvolle Welt des Bermuda-Dreiecks im Atlantischen Ozean, wo Schiffe und Flugzeuge spurlos verschwinden. Während einige dieser Vorfälle auf schlechtes Wetter oder menschliches Versagen zurückführen, spekulieren andere über übernatürliche Phänomene oder sogar außerirdische Aktivitäten. Es existieren Theorien, dass große Gasblasen aus dem Meeresboden Schiffe in die Tiefe ziehen könnten. Trotz aller Erklärungsversuche bleibt das Bermuda-Dreieck eines der größten Mysterien der Ozeane.

Die Geisterwälder von Namibia

In der Wüste von Namibia gibt es unheimliche „Geisterwälder", in denen versteinerte Baumstümpfe und Skelette von Bäumen aus dem Sand ragen. Diese versteinerten Bäume sind bis zu 900 Jahre alt und wurden durch die Kombination von starken Winden, Trockenheit und mineralreichen Böden konserviert. Die surreale Landschaft der Geisterwälder erzeugt eine mysteriöse Atmosphäre, die Besucher aus aller Welt anzieht und beeindruckt.

Der tiefste Punkt der Erde

Der Challengertief im pazifischen Marianengraben ist nicht nur der tiefste Punkt der Erde, sondern auch ein faszinierendes sowie unerforschtes Gebiet. Der enorme Druck, der 1.000-mal stärker als an der Oberfläche ist, stellt eine extreme Herausforderung dar. Trotz modernster Technologie wurden nur wenige bemannte Tauchgänge unternommen, um diesen Ort zu erforschen. Die geheimnisvolle Tiefe birgt sicherlich noch viele Wunder der Meereswelt.

Es geht aufwärts

Jeden Tag riskieren Menschen ihr Leben, um den höchsten Punkt der Erde zu besteigen: den Mount Everest im Himalaya-Gebirge. Mit einer Höhe von 8.848 Metern über dem Meeresspiegel ist der Everest ein Symbol für Abenteuerlust. Die extremen Wetterbedingungen, eisige Temperaturen und die dünne Luft machen die Besteigung zu einer lebensgefährlichen Herausforderung. In der Hauptklettersaison im Mai können es an einem einzigen Tag bis zu mehrere Hundert Personen sein, die versuchen, den Gipfel zu erklimmen.

Es wird frostig

Der kälteste bewohnte Ort der Welt ist Oimyakon, ein Dorf in der Republik Sacha (Jakutien) im Nordosten Russlands. Oimyakon hält den Rekord für die niedrigste jemals gemessene Temperatur in einer bewohnten Gegend: Im Jahr 1933 purzelten die Temperaturen runter auf Minus 67,7 Grad Celsius. Die Winter in Oimyakon sind lang und äußerst frostig mit Temperaturen, die oft unter Minus 50 Grad Celsius fallen.

Kalt, kälter, am kältesten

In der Antarktis, genauer gesagt im Plateau von Ostantarktika, befindet sich der kälteste Ort der Erde. Dort wurden im Juli 1983 die tiefsten Temperaturen aller Zeiten gemessen: Minus 89,2 Grad Celsius an der russischen Forschungsstation Vostok. Die Antarktis ist so kalt, dass sie kaum bewohnbar ist und hauptsächlich von Wissenschaftlern besucht wird. Im Gegensatz zu Menschen fühlen sich dort Robben, Pinguine und verschiedene Vogelarten pudelwohl.

Wo die Sonne kräftig scheint

In Äthiopien liegt das Dorf Dallol im Danakil-Depressionsgebiet, der heißeste bewohnte Ort der Welt. Dort klettern die Temperaturen das ganze Jahr lang auf über 35 Grad Celsius, oft sogar über 40 Grad Celsius. Die Kraft der Natur zeigt sich in der sengenden Hitze Äthiopiens in ihrer extremsten Form. Zudem ist Dallol berühmt für seine einzigartige Landschaft mit farbigen heißen Quellen und Salzformationen.

Hier brennt die Luft

Es brodelt gewaltig: Im heißen Death Valley in Kalifornien, USA liegt der Furnace Creek, wo einst die höchste Lufttemperatur der Welt gemessen wurde. Am 10. Juli 1913 standen siedend heiße 56,7 Grad Celsius auf dem Messgerät. Diese Wüstenlandschaft, geprägt von extremer Hitze und einer trockenen, öden Umgebung, macht das Death Valley zum heißesten und trockensten Ort auf unserem Planeten. Ein weiterer Rekord: Das Badwater Basin im Death Valley gilt als der tiefste Punkt Nordamerikas, gelegen etwa 86 Meter unter dem Meeresspiegel.

Die Giganten von Stonehenge

Stonehenge in England ist wie ein uraltes Rätselbuch, das die Menschheit seit Jahrtausenden fasziniert. Forscher versuchen schon lange herauszufinden, warum und vor allem wie diese massiven Steine vor so langer Zeit aufgestellt wurden. Die Steine von Stonehenge sind riesig! Einige wiegen bis zu 50 Tonnen und sind mehr als 7 Meter hoch. Das ist so groß wie ein zweistöckiges Haus und so schwer wie ungefähr 10 Elefanten. Einige Theorien besagen, Stonehenge könnte ein astronomischer Kalender oder ein religiöser Versammlungsort gewesen sein. Die Wahrheit bleibt verborgen und ein spannendes Geheimnis.

Wo sich Himmel und Erde treffen

In Bolivien befindet sich der Salar de Uyuni, die größte Salzwüste der Welt. Bei Regen verwandelt sich die Landschaft in ein beeindruckendes Naturspektakel: Das Salz bildet eine glatte, spiegelartige Oberfläche, die den Himmel perfekt widerspiegelt. Touristen sind von dieser surrealen Landschaft begeistert, in der Himmel und Erde scheinbar miteinander verschmelzen. Viele Besucher beschreiben den Anblick der Salzwüste, als stünden sie auf einem anderen Planeten.

Die Magie des Meeres

Stellen Sie sich vor, sie sind am Strand und es ist Nacht. Sie werfen einen Blick auf das Meer und sehen, wie die Wellen in einem geheimnisvollen Glühen leuchten – fast wie Sternenlicht im Wasser. Das ist keine Zauberei, sondern ein Naturphänomen. Kleine Lebewesen im Wasser, genannt Biolumineszenz-Organismen, geben Licht ab, wenn sie sich bewegen. Biolumineszenz tritt bei verschiedenen Organismen auf, darunter bestimmte Arten von Plankton, Algen, Quallen und kleinen Fischen. Diese Lebewesen besitzen spezielle Zellen oder Organe, die Licht erzeugen können. Was für eine schöne Wasserwelt!

Ein himmlisches Spektakel

Nordlichter, auch Aurora Borealis genannt, gleichen eindrucksvollen Himmelsgemälden. Wenn geladene Sonnenpartikel auf Gase in der Erdatmosphäre treffen, entsteht ein buntes Lichtspiel am Himmel. Diese Lichterscheinungen können in verschiedenen Formen und Farben auftreten, von leuchtendem Grün bis hin zu tiefem Violett. Die besten Orte, um Nordlichter zu sehen, sind Polarregionen wie Skandinavien, Kanada und Alaska. Polarlichter zeigen sich gelegentlich auch in Deutschland, insbesondere in den nördlichen Regionen wie Schleswig-Holstein oder Teilen von Bayern und Sachsen. Wer dieses Phänomen erlebt hat, spürt meist eine starke Verbundenheit zur Natur – einfach ein faszinierender Planet, auf dem wir leben.

Die tanzenden Felsen

Was bewegt schwere Felsen in der kargen Wüste? Im Racetrack Playa des Death Valley Nationalparks in Kalifornien scheinen Felsen wie von Geisterhand über den Wüstenboden zu gleiten. Wissenschaftler entdeckten, dass eine Kombination aus dünnen Eisschichten, Wasser und sanftem Wind die Felsen über die flache Oberfläche schiebt. Diese Felsen, einige davon wiegen mehrere hundert Kilogramm, hinterlassen dabei lange Spuren im Boden. Wenn die Bedingungen ideal sind, können sie sich mit Geschwindigkeiten von bis zu 5 Metern pro Minute bewegen.

Historische Raritäten - Absurde Anekdoten aus der Vergangenheit

Im Bann der mystischen Wesen

Die Menschen im Mittelalter verehrten Einhörner. Sie glaubten fest an ihre Existenz – mystische Wesen mit einem hornartigen Gebilde auf der Stirn. Doch niemand hat jemals ein Einhorn gesehen. Dem Mythos liegt ein anderes, tatsächlich existierendes Tier zugrunde: der Narwal. Die Leute fanden skelettierte Narwale mit ihrem imposanten Horn am Strand. So war der Grundstein für die Einhorn-Fantasie im Nullkommanichts gelegt. Übrigens: Auf dem Wappen von Schottland befindet sich seit dem 12. Jahrhundert ein Einhorn. Dieses Land wählte das Einhorn, da es als Symbol für Stärke, Reinheit und Unabhängigkeit gilt.

Geld stinkt (nicht)

Im alten Rom wussten die Menschen Urin wegen seines hohen Ammoniakgehalts zu schätzen. Diese natürliche Flüssigkeit war fast wie ein Wundermittel, denn Dreck und Schmiere ließen sich optimal mit Urin entfernen. Ob beim Wäschewaschen oder sogar beim Zähneputzen – Urin war wortwörtlich in aller Munde. Und wie auf alle wertvollen Produkte wurde auch auf Urin eine Steuer erhoben. Kaiser Vespasian verdiente viel Geld, indem er eine Steuer auf gesammelten Urin aus öffentlichen Toiletten einführte.

Die tödliche Sünde

Lecker – ein aromatisch duftender Kaffee am Morgen zaubert vielen von uns ein Lächeln ins Gesicht. Doch den Menschen im Osmanischen Reich war es leider nicht gestattet, ein Käffchen zu genießen. Dort wurde der Kaffee im 17. Jahrhundert als so gefährlich angesehen, dass niemand das Getränk zu sich nehmen durfte. Sultan Murad IV. erließ sogar Todesstrafen für Kaffeetrinker. Trotzdem verbreitete sich Kaffee irgendwann heimlich und führte zu einem florierenden Handel.

Tanzen bis zum Umfallen

Wenn wir mit Freude das Tanzbein schwingen, breitet sich ein rundum schönes Gefühl in uns aus. Doch was war im Jahr 1518 in Straßburg los? Im Heiligen Römischen Reich brach ein mysteriöser Tanzwahn aus! Hunderte Menschen tanzten tagelang ohne Pause auf den Straßen, bis einige sogar vor Erschöpfung starben. Dieses unerklärliche Phänomen wird heute als eine Form der Massenhysterie interpretiert, jedoch bleibt der genaue Grund bis heute ein Rätsel.

Der kuriose Emu-Krieg

Im Jahr 1932 führte die australische Armee einen Kampf gegen Emus. Emus sind große straußenähnliche Vögel, die damals die landwirtschaftlichen Gebiete des Landes verwüsteten. Obwohl die Armee schwere Maschinengewehre einsetzte, erwies sich die Emu-Population als äußerst widerstandsfähig. Am Ende musste die Armee ihre Bemühungen aufgeben. Die Natur ist eben stärker als der Mensch.

Der Soldat, der das Kriegsende ignorierte

Im Zweiten Weltkrieg erhielt der japanische Soldat Hiroo Onoda den Auftrag, feindliche Hafenanlagen und Landebahnen zu sabotieren. Als Spezialist für Guerillakriegsführung versteckte er sich daraufhin im Dschungel. Und das bis 1974! Er glaubte fast 30 Jahre lang, dass jegliche Nachrichten über das Kriegsende feindliche Propaganda seien. Er hielt weiterhin Stellung und war bereit, zu kämpfen. Erst als sein ehemaliger Kommandant persönlich zu ihm in den Dschungel reiste, akzeptierte er schließlich das Kriegsende.

Mona Lisa auf Abwegen

Im Jahr 1911 gelang es dem italienischen Handwerker Vincenzo Peruggia, die berühmte Mona Lisa aus dem Louvre Museum in Paris zu stehlen. Peruggia entwendete das Gemälde, indem er es unter seine Kleidung schob und das Museum unbemerkt verließ. Er versteckte das Gemälde für 2 Jahre in seinem Schlafzimmer, bevor er verhaftet wurde. Peruggia behauptete, er habe die Mona Lisa gestohlen, um sie nach Italien zurückzubringen. Er war überzeugt, dass das Gemälde nur dort hingehörte.

Kleines Fass, großer Wasserfall

Die 63-jährige amerikanische Lehrerin Annie Edson Taylor überlebte im Jahr 1901 einen Sturz über die Niagara-Fälle. Dafür kroch sie in ein Holzfass, das im Anschluss in den Wasserfall geworfen wurde. Sie plante diesen waghalsigen Stunt, um berühmt zu werden. Außerdem erhoffte sich Taylor, durch die Aufmerksamkeit viel Geld zu verdienen. Zum Glück überlebte die Frau den Sturz. Allerdings brachte ihr das nicht den erwarteten Ruhm ein.

Der Traum vom Fliegen

Im 11. Jahrhundert träumte der Mönch Eilmer aus Malmesbury in England davon, wie ein Vogel zu fliegen. Dafür baute er Flügel aus Holz und Stoff in mühevoller Kleinstarbeit. Überzeugt von seinem Bauwerk sprang der Mann von einem Turm, was zu einem kurzen, aber spektakulären Flug führte. Durch den Aufprall verletzte er sich, aber seine Freude und Begeisterung verdrängten Schmerz. Sein Flugversuch war seiner Zeit weit voraus und wird heute als früher Vorläufer des Gleitflugs angesehen.

Aus Freundlichkeit wird Tod

Der berühmte dänische Astronom Tycho Brahe starb auf ungewöhnliche Weise im Jahr 1601. 11 Tage nach einem Bankett beim böhmischen Grafen von Rosenberg kam der Wissenschaftler ums Leben. Der Grund: Während des Abendessens ignorierte Brahe seinen Harndrang, denn aus Höflichkeit wollte er sich nicht vom Tisch erheben. Schließlich platzte seine Blase, was seinen Tod zur Folge hatte.

Der Papst, der zweimal starb

Ein groteskes Ereignis erschütterte 897 Rom: Papst Stephan VI. ließ die Leiche seines Vorgängers, Papst Formosus, ausgraben und vor Gericht stellen. Die „Leichensynode" sah die Leiche in päpstliche Gewänder gekleidet auf einem Thron sitzen. Formosus wurde angeklagt, das Bistum Porto unrechtmäßig geführt zu haben. Schuldig! Danach wurde Formosus' Leiche entkleidet, entstellt und in den Tiber geworfen.

Die Tasse für den Mann

In den späten 1800er und frühen 1900er Jahren hatten Männer eindrucksvolle Schnurrbärte, die heutige Hipster alt aussehen lassen. Diese kunstvoll modellierten Bärte wurden oft mit Wachs behandelt, aber vor alltäglichen Dingen wie heißem Kaffee oder Tee mussten sie anderweitig geschützt werden. Wenn das Getränk den Bart berührte, konnte das die mühsam geformte Pracht verderben. Um dem vorzubeugen, wurde die Barttasse erfunden: Ein Trinkgefäß mit einem horizontalen Steg innen, der den Schnurrbart vor Benetzung schützte. Die Barttasse war bis kurz nach dem Ersten Weltkrieg in England, Frankreich, Amerika und Deutschland sehr beliebt.

Wie ein Deutscher den Wilden Westen eroberte

Karl May, der berühmte deutsche Autor von Abenteuerromanen wie „Winnetou", führte ein aufregendes Leben. Obwohl er nie den Wilden Westen besucht hatte, schrieb er über ihn und wurde damit weltberühmt. Er ließ seiner Fantasie freien Lauf und überzeugte damit Millionen von Lesern. Erstaunlicherweise spiegelten viele seiner erfundenen Geschichten die Wirklichkeit wider. Karl Mays Werke wurden in zahlreiche Sprachen übersetzt und haben bis heute eine große Fangemeinde.

Die Folgen falschen Handelns

Papst Gregor IX. mochte offenbar keine Katzen. Er assoziierte die Tiere mit Teufelsanbetung und ließ sie sogar verbrennen. In einem päpstlichen Schreiben von 1233 wurden schwarze Katzen als satanisch bezeichnet. Manche glaubten sogar, dass Katzen die Pest verbreiteten, was sich im Nachhinein als falsch herausstellte. Die Ausrottung von Katzen führte jedoch zu einem Anstieg der Rattenpopulation, was die Ausbreitung der Pest erheblich beschleunigte.

Zahnentfernung als Hochzeitsgeschenk

Im 19. Jahrhundert sah es im Mund vieler Menschen schrecklich aus – die Mundhygiene ließ zu wünschen übrig. Die Zahnmedizin war nicht fortgeschritten genug, um Karies und Infektionen effektiv zu behandeln. Zahnschmerzen bedeuteten oft, dass der Zahn entfernt werden musste. Da es kaum Betäubung gab, war das sehr schmerzhaft. Deshalb waren Zahnextraktionen, vor allem in England, ein beliebtes Hochzeitsgeschenk. Man ließ sich alle Zähne ziehen und bekam dann Zahnersatz. Nachdem die Herren und Damen die Leiden des Zähneziehens überstanden hatten, führten sie mit ihren Prothesen ein zahnschmerzfreies Leben.

Das heiße Urteil

Im Mittelalter nutzten einige deutsche Städte die sogenannte Wasserprobe, um die Unschuld oder Schuld von Verdächtigen festzustellen. Bei diesem Verfahren mussten die Angeklagten ihre Hand in kochendes Wasser tauchen. Danach wurde die Wunde bandagiert. Wenn die Wunde schnell heilte, galt der Angeklagte als unschuldig, ansonsten als schuldig. Diese absurde Praxis wurde jedoch später als Folter eingestuft und verboten.

Hinein mit der Spucke

Im 18. Jahrhundert waren Spucknäpfe in Deutschland ein übliches Accessoire in öffentlichen Räumen wie Gaststätten, Büros und Bahnhöfen. Diese speziellen Gefäße waren dafür gedacht, dass Menschen ihren Speichel ausspucken konnten, ohne den Boden zu beschmutzen. Obwohl sie heute als unhygienisch gelten, waren sie damals ein wichtiger Bestandteil der gesellschaftlichen Etikette.

Das eigenwillige Genie

Der italienische Universalgelehrte Leonardo da Vinci verwendete häufig Spiegelschrift in seinen Notizen. Es gibt verschiedene Theorien darüber, warum er das tat, aber die genaue Motivation bleibt letztendlich unklar. Einige Forscher glauben, dass er so schrieb, um seine Aufzeichnungen vor neugierigen Blicken zu schützen. Leonardo da Vinci war nicht nur ein brillanter Künstler und Erfinder, sondern auch ein leidenschaftlicher Mediziner. Durch detaillierte Studien des menschlichen Körpers ermöglichte er bahnbrechende Erkenntnisse in der Medizin.

Erfindungen und Wissenschaft - Von skurrilen Ideen und brillanten Entdeckungen

Das drängelnde Kätzchen

Isaac Newton, berühmt für seine Beiträge zur Physik, Astronomie und Mathematik, erfand auch die Katzenklappe. Während er forschte, wollte seine Katze ständig rein und raus. Das störte Newton, denn das unterbrach seine Arbeit. Also baute er eine kleine Öffnung in die Tür, damit die Katze selbstständig hindurchgehen konnte. Diese clevere Idee zeigt, dass Newton nicht nur ein brillanter Wissenschaftler, sondern auch ein kreativer Erfinder war.

Vom Heiltrank zum Hitgetränk

Coca-Cola wurde 1886 vom amerikanischen Arzt Dr. John Pemberton erfunden. Ursprünglich als Medizin vermarktet, enthielt das Getränk Extrakte aus Kokablättern und Kolanüssen. Das Gemisch sollte Kopfschmerzen lindern und Müdigkeit bekämpfen. Die Formel änderte sich im Laufe der Zeit und 1904 wurde die Verwendung von Kokain eingestellt. Trotz ihrer medizinischen Anfänge entwickelte sich Coca-Cola zu einem weltweit beliebten Erfrischungsgetränk.

Der süße Erfinder

Im Leben kommt es oft anders, als man denkt: Per Zufall erfand der amerikanische Ingenieur Percy Spencer das Mikrowellengerät. Im Jahr 1945 bemerkte Spencer während seiner Arbeit an Radargeräten, dass ein Schokoriegel in seiner Tasche schmolz. Genau in dem Moment, als er sich in der Nähe eines laufenden Radars befand, verflüssigte sich die Schoki im Nullkommanichts. Das schürte seine Neugier und Spencer forschte weiter. Demnach half ihm seine Leidenschaft für Süßes, die Entwicklung des Mikrowellengeräts voranzutreiben.

Der Pilz der Erkenntnis

Im Jahr 1928 machte der schottische Mediziner Alexander Fleming eine unglaubliche Entdeckung. Eines Tages bemerkte er etwas Merkwürdiges auf einer Bakterienkultur. Ein Schimmelpilz, später als Penicillium bekannt, wuchs zufällig auf der Kultur. Fleming war erstaunt darüber, dass die Bakterien um den Schimmelpilz herum abgestorben waren. Daraus schlussfolgerte er die antibiotischen Eigenschaften des Pilzes. Diese Erfindung revolutionierte die Medizin, da Penicillin die Behandlung von bakteriellen Infektionen ermöglichte. Das Medikament rettete seitdem Millionen von Menschenleben.

Als das Unsichtbare sichtbar wurde

Im Jahr 1895 erlebte der deutsche Physiker Wilhelm Conrad Röntgen ein besonderes Phänomen. Er experimentierte mit Kathodenstrahlen in einem abgedunkelten Raum. Plötzlich bemerkte er, dass eine fluoreszierende Substanz in der Nähe leuchtete. Diese Strahlen drangen zudem durch Objekte und hinterließen Abbildungen auf Fotoplatten. Röntgen nannte sie X-Strahlen, da die Ursache und Wirkung noch unklar waren. Der Physiker legte den Grundstein für die moderne Radiologie, indem er am Ball blieb und die Strahlen weiter untersuchte.

Ein strahlendes Chaos

Marie Curie, die berühmte Physikerin und Chemikerin, verwendete in ihrem Labor radioaktive Materialien wie Radium und Polonium. Marie Curies Forschungslabor war berüchtigt für seine mangelnde Sicherheit. Trotz der bekannten Risiken arbeitete Curie oft ohne angemessene Schutzkleidung. Die Wissenschaftlerin trug sogar radioaktive Proben in ihren Taschen herum. Berichten zufolge blieb ihr Schreibtisch Jahrzehnte nach ihrem Tod aufgrund radioaktiver Kontamination gefährlich.

Die Wrights erobern die Lüfte

Am 17. Dezember 1903 gelang den Gebrüdern Wright der erste kontrollierte Motorflug in der Stadt Kitty Hawk (USA). Ihr Flugzeug, der Wright Flyer, flog 36 Meter weit und erreichte eine Höhe von etwa 3,5 Metern. Auch wenn die beiden nur wenige Minuten in der Luft waren, markierte der historische Flug einen Meilenstein in der Luftfahrtgeschichte. Vor ihrem Erfolg hatten die Wright-Brüder jahrelang Gleitflugzeuge getestet, bevor sie schließlich den ersten Motorflug durchführten.

Wenn Kleber nicht klebt

Der Forscher Spencer Silver suchte im Jahr 1968 eigentlich nach einem richtig starken Klebstoff. Doch was er zusammenmischte war ein Klebstoff, der sich leicht ablösen ließ. Zuerst beachtete er seinen vermeintlichen Misserfolg nicht weiter, doch später hatte er eine geniale Idee. Da der Klebstoff immer wieder verwendet werden konnte, gestaltete er etwas Neues: Kleber für Zettel, die sich leicht und schnell entfernen ließen. Diese spontane Entdeckung brachte schließlich die beliebten Post-it-Notizzettel hervor.

Wie ein Hund die Mode revolutionierte

Wer einen Hund mit langem Fell hat, kennt die Situation: Nach dem Spaziergang im Wald oder über Felder und Wiesen hängen Samen der Klette am Vierbeiner. Genau solch ein Ereignis erlebte der Schweizer Ingenieur Georges de Mestral mit seiner Fellnase im Jahr 1941. Das machte ihn neugierig. Daraufhin untersuchte der Mann die Haken und Schlaufen der Samen unter dem Mikroskop. So entwickelte er schließlich den Klettverschluss, der heute in vielen Bereichen nicht mehr wegzudenken ist. Die Natur hat einfach die besten Ideen!

Einmal wegrubbeln, bitte!

Edward Nairne, ein britischer Ingenieur, ist der Erfinder des Radiergummis. Interessanterweise entdeckte Nairne das Material im Jahr 1770 ganz zufällig. Er benutzte eine Masse aus Brotteig, um Bleistiftmarkierungen von einem Stück Kohle zu entfernen. Seine Entdeckung war so bedeutend, dass er das erste Patent für ein Radiergummi erhielt. Manchmal kommen die besten Ideen eben aus einem unerwarteten Moment heraus.

Von Kaffeedurst zum Erfindergeist

Die Idee für die erste Filterkaffeemaschine entstand, als der deutsche Ingenieur Gottlob Widmann auf einer Zugfahrt war. Er ärgerte sich darüber, dass es keinen einfachen Weg gab, eine Tasse Kaffee zu bekommen. Widmann begann, an einem Automaten zu tüfteln, der Kaffee auf Knopfdruck zubereiten konnte. Nach kurzer Zeit präsentierte der Ingenieur sein erstes Modell auf der Hannover Messe – das war im Jahr 1954. Der Kaffeeautomat wurde sofort ein Erfolg und ebnete den Weg für die Entwicklung heutiger Kaffeemaschinen.

Von alten Dosen und neuen Beuteln

Anfang des 20. Jahrhunderts versuchte der amerikanische Teehändler Thomas Sullivan zunächst, Geld zu sparen. Die Kosten für den Versand von Tee in Blechdosen waren ihm zu hoch. Daher entschied sich Sullivan, den Tee in kleine Seidenbeutel zu füllen. Auf diese Weise reduzierte er das Gewicht und somit die Versandkosten. Unwissentlich löste der Teehändler damit eine große Veränderung aus: Seine Kunden waren begeistert von den Beuteln und verwendeten sie direkt zum Aufbrühen des Tees. Sullivan hatte dies nie beabsichtigt, doch damit begann die Ära des Teebeutels.

Weg mit dem Dreck

Im Jahr 1901 entwickelte der britische Ingenieur Hubert Cecil Booth den ersten Staubsauger. Die Inspiration dazu kam ihm während eines Besuchs auf einer Ausstellung in London. Der Ingenieur beobachtete die Luftströme, die von einem mechanischen Reinigungsgerät erzeugt wurden. Booth erkannte das Potenzial dieser Technologie und konstruierte daraufhin den ersten motorbetriebenen Staubsauger. Einer seiner ersten Kunden war der britische König Edward VII., der das innovative Gerät begeistert im Buckingham Palace einsetzte.

Baby hinter Gittern

In den dreißiger Jahren wurde ein Drahtkäfig erfunden, der außen am Fenster befestigt werden konnte. Der Käfig sollte Familien, die keinen Garten haben, die Möglichkeit bieten, ihr Baby an die frische Luft zu setzen. Dafür brauchte es allerdings ein tiefes Vertrauen in die Haltbarkeit der Konstruktion. Zum Glück setzte sich diese Konstruktion nicht durch. Der Käfig wurde aufgrund von Sicherheitsbedenken und veränderten Lebensgewohnheiten nicht mehr produziert.

Auf nimmer Wiedersehen, Hundehaufen!

Die Erfindung „AshPoopie" widmet sich einem weit verbreiteten Problem. Ursprünglich von einer Universität entwickelt, gehört die Technologie jetzt der israelischen Firma Paulee CleanTec. „AshPoopie" ist ein Gerät, das Hundekot einsammelt und auf fast 100 Grad erhitzt, wodurch geruchlose und sterile Asche entsteht. Eine umweltfreundliche Alternative zu Plastiktüten, allerdings befindet sich das Gerät noch nicht auf dem Markt. Für Hundebesitzer bedeutet das vorerst: abwarten und weiter zur Tüte greifen.

Der erste Computer

1941 baute der deutsche Ingenieur Konrad Zuse den weltweit ersten programmierbaren Computer, den Z3. Trotz der Herausforderungen des Zweiten Weltkriegs und begrenzter Ressourcen gelang ihm dieses technologische Meisterwerk. Obwohl Zuses Arbeit zu seiner Zeit wenig Anerkennung erhielt, legte das Gerät den Grundstein für moderne Computertechnik. Der Computer hatte Maße von ungefähr 2,2 Metern in der Höhe und 3,5 Metern in der Breite. Der Gigant wog etwa eine Tonne! Heutzutage passen vergleichbare Daten auf winzige Chips.

Die nützliche Kaffee-Kamera

Die erste Webcam der Welt entwickelten Wissenschaftler der University of Cambridge im Jahr 1991. Der Grund für das Konzept einer Online-Kamera war für das Team wichtig: Die Mitarbeiter bauten eine Kamera, um die Kaffeemaschine im Büro zu überwachen! Die Technik wurde installiert, damit die Kaffeetrinker nicht vergeblich zur Maschine laufen mussten, nur um festzustellen, dass der Kaffee noch nicht fertig war. Mit der Zeit verbreitete sich die Idee der Webcam auf der ganzen Welt.

Das erste Selfie

Bereits im 19. Jahrhundert gab es Selbstporträts, auch wenn der Begriff „Selfie" damals noch nicht geläufig war. Das älteste bekannte Selfie stammt aus dem Jahr 1839 und wurde vom Fotografen Robert Cornelius geknipst. Er stellte seine Kamera auf und lief dann vor das Objektiv, um sich selbst zu fotografieren. Diese Aufnahme zeigt eine frühe Form dessen, was wir heute als Selfie kennen.

Blauzahns Erbe

Der Name „Bluetooth" leitet sich vom dänischen König Harald Blauzahn ab, der im 10. Jahrhundert in Skandinavien regierte. Die Technologie erhielt 1997 vom Intel-Mitarbeiter Jim Kardach den Namen „Bluetooth", weil sie darauf abzielt, elektronische Geräte zu verbinden. Dies spiegelt den Versuch von König Blauzahn wider, die Stämme Dänemarks und Norwegens zu vereinen.

Der bahnbrechende Knochen

Das erste Handy der Welt wurde 1973 von Martin Cooper erfunden und erhielt im September 1983 seine offizielle Zulassung: das Motorola Dynatac 8000X. Innerhalb eines Jahres wurden über 300.000 Exemplare verkauft, obwohl es stolze 4.000 US-Dollar kostete. Das recht schwere Ding wog 800 Gramm, weshalb es viele Nutzer als Knochen bezeichneten. Der Akku des Motorola hielt nur etwa 20 Minuten. Seitdem ist der technische Fortschritt in der Kommunikationsbranche nicht mehr aufzuhalten.

Geheimnisse des Universums - Spannende Storys aus dem Weltraum

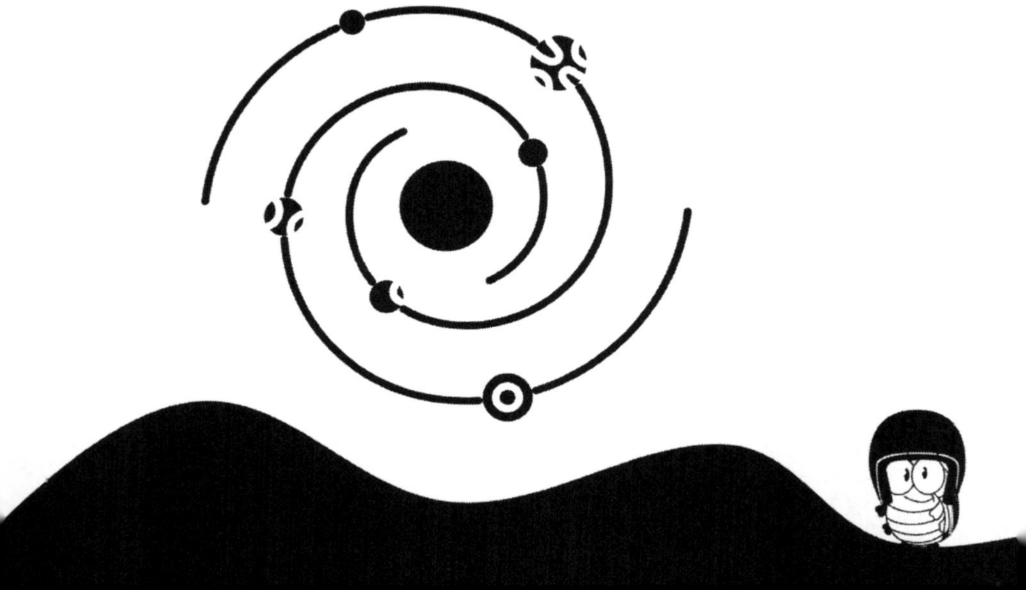

Der letzte Weltraumflug

Für ungefähr 700 Dollar kann man seine sterblichen Überreste ins Weltall schießen lassen. Wer seine Asche auf dem Mond verteilen lassen möchte, muss schon etwas tiefer in die Tasche greifen. Der Geologe Eugene Shoemaker war bereit, fast 10.000 Dollar dafür zu zahlen. Shoemaker spielte eine bedeutende Rolle beim Apollo-Projekt und war fasziniert vom Weltall. Aus gesundheitlichen Gründen konnte Shoemaker nie selbst ins All fliegen. Doch das hielt ihn nicht davon ab, seinen Traum zu verwirklichen. 2 Jahre nach seinem Tod wurde ein kleiner Teil seiner Asche mit der Raumsonde Lunar Prospector zum Mond gebracht. Als die Sonde wie geplant auf dem Mond einschlug, verteilte sie Shoemakers Überreste. Der Aufprall führte zu einem Krater, der heute nach ihm benannt ist.

Ein großer Schlag für die Menschheit

Am 6. Februar 1971 spielte der Astronaut Alan Shepard, ein Mitglied der Apollo 14-Mission, tatsächlich Golf auf dem Mond. Shepard schmuggelte einen Schläger an Bord, indem er diesen an einem geologischen Instrument befestigte. Mit einer Socke versteckte er sogar den Schläger. Nur eine Handvoll Leute waren in seinem Vorhaben eingeweiht. Als die Arbeit auf dem Mond erledigt war, griff Shepard zum Schläger. Der Astronaut traf die Bälle so gut, dass diese hunderte Meter weit flogen. Den Schläger brachte Alan Shepard zurück zur Erde, aber die Bälle liegen wohl noch immer irgendwo im Mondstaub.

Schwerelos schlemmen

In der Schwerelosigkeit nutzen Astronauten kreative Wege, um ihre Mahlzeiten zu sich zu nehmen. Statt herkömmliches Besteck verwenden sie spezielle Beutel, in denen ihre Nahrung portioniert ist. Diese Beutel sind so konstruiert, dass sie das Essen während des Verzehrs zusammenhalten. So kann die Mahlzeit nicht davonfliegen. Astronauten müssen beim Essen besonders vorsichtig sein. Wenn Lebensmittel in der Kabine schweben, könnten sie die Geräte der Raumstation beschädigen.

16 Sonnenaufgänge am Tag

Die Internationale Raumstation (ISS) befindet sich ungefähr 400 Kilometer über der Erde. Sie rast mit einer unglaublichen Geschwindigkeit von etwa 28.000 km/h durch den Weltraum. Aufgrund dieser Geschwindigkeit umkreist die ISS unseren Planeten etwa alle 90 Minuten. So erleben die Astronauten an Bord jeden Tag 16 Sonnenauf- und 16 Sonnenuntergänge. Deshalb braucht es einen präzisen Tagesablauf. Arbeitszeiten, Mahlzeiten und Freizeitaktivitäten – fast nichts erfolgt ungeplant. Der Grund: Die Crew soll ihre Zeit im Weltraum effizient nutzen, dabei jedoch auch einen gesunden Ausgleich zwischen Arbeit und Erholung finden.

Planet der Diamanten

Der besondere Planet mit dem Namen „55 Cancri e" besteht zu einem Drittel aus Diamanten. Er ist doppelt so groß und achtmal so schwer wie die Erde. Der Edelstein-Planet unterscheidet sich stark von unserem Heimatplaneten. Auf seiner Oberfläche herrschen Temperaturen von bis zu 2.100 Grad Celsius. Mit all diesen Diamanten könnte man viele wertvolle Dinge erschaffen. Allerdings: Wir werden den Planeten nie erreichen. Er ist etwa 41 Lichtjahre von der Erde entfernt. Ein Raumschiff, das mit einer Geschwindigkeit von etwa 56.000 km/h (wie die Raumsonde Voyager 1) unterwegs ist, würde ungefähr 700.000 Jahre benötigen, um dorthin zu gelangen.

Der gemütliche Planet

Der Neptun wurde 1846 von dem deutschen Astronomen Johann Gottfried Galle entdeckt. Seit seiner Entdeckung hat der Planet nur einmal die Sonne umkreist. Als äußerster Planet unseres Sonnensystems ist er ein Eisriese und liegt 4,5 Milliarden Kilometer von der Sonne entfernt. Aufgrund dieser enormen Entfernung benötigt er ganze 165 Jahre, um einmal die Sonne zu umrunden. Erst am 12. Juli 2011 kehrte der Neptun zurück an den Punkt seiner Umlaufbahn, den er am Tag seiner Entdeckung passierte.

Der hitzige Riesenstern

Die Sonne ist für 99 Prozent der Masse unseres Sonnensystems verantwortlich. Genauer gesagt, macht der Stern 99,86 Prozent der Masse aus, was 700-mal mehr ist als die Gesamtmasse aller 8 Planeten. Das Volumen der Erde passt allein 1,3 Millionen Mal in das der Sonne hinein. Die Oberflächentemperatur beträgt etwa 5.500 Grad Celsius, während die Temperatur im Inneren auf über 15 Millionen Grad Celsius steigt! Ein Mensch würde bereits in einem Abstand von mehreren Millionen Kilometern verbrennen. Dann bleiben wir doch besser hier auf Erden.

Wenn LEGO-Figuren den Weltraum entdecken

Wie weckt man das Interesse der Kinder für das Thema Weltraum? Das Unternehmen LEGO ließ sich etwas besonders einfallen: LEGO hat 3 Minifiguren entworfen, die auf der Raumsonde Juno mitfliegen. Die Raumfahrt wurde von der NASA zum Erforschen des Jupiters gestartet. Diese Figuren repräsentieren Galileo Galilei, der die 4 größten Jupitermonde entdeckte, den Gott Jupiter selbst und seine Frau Juno, nach der die Mission benannt wurde. Hergestellt aus strapazierfähigem Aluminium für den Weltraumeinsatz, haben die Figuren keine beweglichen Teile. Noch immer sind die LEGO-Männchen unterwegs, da die Juno-Mission mindestens bis September 2025 läuft.

Von kochendem Blut und teuren Anzügen

Im Weltraum ohne Schutzanzug zu sein – das klingt wie ein spannendes Abenteuer. Allerdings endet das recht schnell tödlich. Der Druckabfall im Weltall-Vakuum lässt das Blut buchstäblich kochen. Die Blutgefäße verstopfen und der Kreislauf kollabiert. Man hätte nur etwa 2 Minuten, bevor das Weltraumabenteuer ein abruptes Ende findet. Astronauten tragen deshalb technologisch hochwertige Anzüge, die je nach Typ und Hersteller zwischen 12 Millionen und 22 Millionen US-Dollar kosten.

Der Ruf des roten Planeten

Auf dem Mars ragt der Olympus Mons so gigantisch in den Himmel, dass jemand auf seinem Gipfel den Fuß des Berges nicht sehen könnte. Mit seinen unglaublichen 26 Kilometern Höhe ist der Olympus Mons der höchste Berg im ganzen Sonnensystem. Die Bedingungen auf dem Mars sind extrem lebensfeindlich. Die Temperaturen halten sich meist unter dem Gefrierpunkt auf und die Atmosphäre besteht hauptsächlich aus Kohlendioxid. Atmen unmöglich. Dennoch zieht der Mars viele Menschen in den Bann: Die NASA und Unternehmen wie SpaceX arbeiten intensiv daran, Pläne zu entwickeln, um in naher Zukunft bemannte Flüge zum Mars zu ermöglichen.

Von strahlenden Winzlingen und funkelnden Riesen

Im Universum funkeln mehr Sterne als Sandkörner auf unserem Planeten. Wissenschaftler können die genaue Anzahl nicht bestimmen, da das Universum so groß ist. Experten schätzen jedoch, dass es etwa eine Quadrillion Sterne gibt. J0526B ist der kleinste bekannte Stern des Universums. Dabei handelt es sich um einen winzigen, heißen Zwergstern. Sein Radius ist gerade einmal siebenmal so groß wie die Erde. Im Gegensatz dazu strahlt der größte bekannte Stern eine immense Pracht aus: Der Durchmesser des Hyper-Riesen UY Scuti beträgt das 1.700-fache des Sonnenradius.

Bitte nicht pupsen

Bevor Astronauten ins All aufbrechen, müssen sie einer strengen Diät folgen. Beispielsweise sind Bohnen ein absolutes Tabu. Die Astronautenanzüge sind nicht in der Lage, größere Mengen des austretenden Pups-Gases ausreichend abzusondern. Deshalb muss der Verdauungstrakt gut vorbereitet werden. Außerdem ist gesunde Ernährung wichtig für eine gute körperliche sowie psychische Verfassung. Übrigens: Laut Astronautin Peggy Whitson ändern sich die kulinarischen Vorlieben im All. Andere Bedingungen, andere Gelüste.

Glamour im All

Auf Jupiter und Saturn regnet es Diamanten! Wenn aus Methan Kohlenstoff entsteht, verwandelt sich dieser zuerst in Graphit und dann in funkelnde Diamanten. Die Brocken können bis zu einem Zentimeter groß werden. Die Existenz von Diamantenregen auf Jupiter und Saturn wurde durch Beobachtungen von Raumsonden wie der Galileo-Sonde bestätigt. Doch wer sich das Phänomen als verträumte Glitzerwelt vorstellt, liegt leider daneben: Die Diamanten kommen in Begleitung von heftigen Gewitterstürmen, starken Winden und anderen extremen Wetterphänomenen. Sehr ungemütlich.

Tierische Astronauten

Bevor Menschen ins All flogen, schickten Wissenschaftler immer wieder Tiere auf Reisen. Die ersten lebenden Passagiere waren Fruchtfliegen, die 1947 mit einer V2-Rakete von einer US-Luftwaffenbasis aus ins All geschossen wurden – und die Tiere haben das Experiment überlebt! Der erste Säugetier-Astronaut war Albert II., ein Rhesusaffe, der im Juni 1949 an Bord einer V2-Rakete in 130 Kilometer Höhe reiste. Leider starb er, weil sein Fallschirm bei der Rückkehr nicht aufging. Die ersten Säugetiere, die den Flug in den Orbit überlebten, waren die Hündinnen Strelka und Belka sowie einige Mäuse. Sie verbrachten im August 1960 einen Tag im All an Bord der Sputnik 5.

Zwischen Hunden und Handys

Juri Gagarin flog im April 1961 als erster Mensch in den Weltraum. Bei einem festlichen Diner nach seiner Rückkehr sagte Gagarin in Gedenken an seine tierischen Wegbereiter: „Ich weiß immer noch nicht, wer ich bin: der erste Mensch oder der letzte Hund im All?" Seit Gagarins historischer Mission hat sich die Raumfahrttechnologie enorm weiterentwickelt. Heutige Raumschiffe verfügen über hochentwickelte digitale Technologien, die eine weit größere Datenkapazität und -übertragung ermöglichen. Zum Vergleich: Ein heutiges Smartphone kann viele Millionen Mal mehr Daten speichern und verarbeiten als die Instrumente an Bord von Gagarins Raumschiff Wostok 1.

Nichts zu hören

Im Weltraum ereignen sich zahlreiche Phänomene, von explodierenden Asteroiden bis hin zu schwarzen Löchern, doch sie haben alle eine Gemeinsamkeit: Es entstehen keine Geräusche. Das Universum ist größtenteils ein Vakuum, frei von Luft oder anderen schallleitenden Medien. So können absolut keine Geräusche übertragen werden. Also: Wer es lieber etwas ruhiger mag, ab ins All!

Der Monstersturm tobt

Auf dem Gasplaneten Jupiter tobt seit Jahrhunderten ein beeindruckender Sturm, der selbst die Maße unseres Heimatplaneten in den Schatten stellt. Dieser monströse Wirbel, bekannt als der „Große Rote Fleck", ist etwa dreimal so groß wie die Erde! Der Sturm rast mit unglaublicher Geschwindigkeit um den Planeten. Windgeschwindigkeiten von bis zu 680 km/h sind keine Seltenheit. Auf der Erde würde ein Sturm mit diesem Ausmaß verheerende Schäden anrichten und ganze Kontinente zerstören.

Größenwahnsinn im Universum

Jeder kennt die Vergleichsbilder, auf denen die Sonne als riesiger Feuerball und die Erde nur als winziger Punkt erscheint. In Zahlen ausgedrückt ist die Sonne tatsächlich 333.000-mal größer als die Erde. Doch im Vergleich zu den unzähligen Sternen in unserer Milchstraße sowie im gesamten Universum scheint unsere Sonne nur ein kleiner Stern zu sein. Ein wahrer Gigant namens Beteigeuze lässt die Sonne wie ein winziges Körnchen wirken: Der Stern ist locker 700-mal größer als unsere Sonne. Hier wird deutlich, wie winzig wir im Vergleich zu den enormen Dimensionen des Universums wirklich sind.

Die kosmischen Staubsauger

Es ist eine weit verbreitete Vorstellung, dass Schwarze Löcher wie monströse Staubsauger alles in ihrer Umgebung einsaugen – von Planeten und Sternen bis hin zu Licht. Aber in Wirklichkeit verhalten sie sich ähnlich wie andere Himmelskörper im Weltraum, nur mit einer außergewöhnlich starken Anziehungskraft. Trotz dieser Kraft sind Schwarze Löcher aber keine unmittelbare Bedrohung. Die genaue Anzahl der Schwarzen Löcher im Universum ist ungewiss, aber Schätzungen deuten darauf hin, dass es Millionen bis Milliarden allein in unserer Milchstraße geben könnte – und unzählige weitere in anderen Galaxien.

Vom Holz zum Hightech

Früher verwendeten sowohl amerikanische als auch sowjetische Astronauten einfache Bleistifte im Weltraum. Doch irgendwann entsprachen die Stifte nicht mehr den Sicherheitsstandards. Die Gefahr war zu groß, dass Holzspäne in der Schwerelosigkeit herumfliegen und so einen Brand verursachen könnten. Deshalb entwickelten Ingenieure den „Space Pen", der speziell für den Einsatz im Weltraum konzipiert ist. Ganz gleich, welche extremen Bedingungen herrschen – der Stift funktioniert bei Schwerelosigkeit, Vakuum, Hitze und Kälte.

Gesetze und Traditionen - Witzige Regeln und Bräuche aus aller Welt

Singapurs Kaugummi-Krise

Seit 1992 ist es in Singapur illegal, Kaugummi zu verkaufen oder einzuführen, es sei denn, es dient medizinischen oder therapeutischen Zwecken. Dieses Gesetz wurde eingeführt, weil Kaugummis überall auf Gehwegen, in U-Bahnen und anderen öffentlichen Bereichen klebten. Die Regierung wollte die Sauberkeit der Straßen verbessern und die öffentliche Ordnung wahren. Wer gegen dieses Gesetz verstößt, riskiert hohe Geldstrafen.

Gleichschritt verboten

Wie bitte? Ist es wirklich untersagt, im Gleichschritt über eine Brücke zu laufen? Ja, tatsächlich gibt es eine logische Erklärung für dieses Gesetz, das in vielen Ländern gilt. Das synchrone Laufen erzeugt eine Resonanzschwingung, die so stark werden kann, dass sie sogar eine Brücke zum Einsturz bringen kann. Eine wahre, traurige Begebenheit ist die Resonanzkatastrophe von England im Jahr 1831, bei der 74 Soldaten im Gleichschritt marschierten und eine Katastrophe auslösten. Die starken Schwingungen ließen die Brücke einstürzen und viele Soldaten starben.

Hundekot und Bienenschwärme im Gesetzesdschungel

Tierfreunde aufgepasst! Hier sind ein paar kuriose Auszüge aus dem deutschen Recht: Falls ein fremder Hund sein Geschäft auf Ihrem Grundstück verrichtet, bedeutet das nicht, dass Sie plötzlich Eigentum an dem Hundekot erwerben. Das Häufchen gehört weiterhin dem Hundebesitzer, der den Kot hoffentlich einsammelt. Und für die kleineren Tierchen gilt: In Deutschland wird ein Bienenschwarm herrenlos, wenn der Eigentümer ihn nicht sofort verfolgt oder die Verfolgung in Auftrag gibt. Sobald der Eigentümer seinen Bienenschwarm verfolgt, darf er sogar fremde Grundstücke betreten.

Vom Schlaf zum Sturz

Sind Sie in all den Jahren schonmal bei der Arbeit eingeschlafen? Nach einem Urteil des Sozialgerichts in Dortmund gilt das Schlummern bei der Arbeit und das anschließende „vom Stuhl fallen und sich verletzen" als Arbeitsunfall. Und noch etwas Spannendes zum Thema Arbeit: Im Jahr 2017 wurde in Frankreich das „Recht auf Nichterreichbarkeit" gesetzlich verankert. Unternehmen mit mehr als 50 Mitarbeitern müssen sicherstellen, dass ihre Mitarbeiter außerhalb der Arbeitszeiten nicht für geschäftliche Angelegenheiten kontaktiert werden. Eine spannende Entwicklung!

Keine Küsse in der Stadt der Liebe

In Paris ist es verboten, sich zu küssen – zumindest an bestimmten Orten wie Bahnhöfen und in Zügen. Dieses ungewöhnliche Gesetz wurde erlassen, nachdem Abschiedsküsse zwischen Liebespaaren zu häufigen Zugverspätungen geführt hatten. Die Liebe ist eben eine starke Kraft, die keine Rücksicht auf Termine und Zeitpläne nimmt. Was passiert, wenn Liebende sich nicht an das Kussverbot halten? Meist nichts, solange die Knutscherei den Bahnverkehr nicht beeinträchtigt.

Italien und seine hungrigen Tauben

In der italienischen Stadt Eraclea ist es strengstens verboten, Sandburgen zu bauen. Außerdem dürfen Männer hier laut Gesetz keine Röcke tragen. In Eboli kann ein Kuss im Auto außerhalb des eigenen Grundstücks bis zu 500 Euro kosten – ein ziemlich teurer Kuss. Auf Sizilien, genauer gesagt in Palermo, dürfen Männer nicht nackt am Strand erscheinen – Frauen schon. Auch wenn die Täubchen in Venedig noch so niedlich darum bitten, besteht auf dem Markusplatz Fütterverbot. Warum man in Rom nicht öffentlich sein Pausenbrot essen darf, bleibt vielen ein Rätsel.

Berühmte Hits und nackte Damen

Liverpool, die Geburtsstadt der Beatles und Heimat zahlreicher Nummer-1-Hits, birgt nicht nur musikalische Schätze, sondern auch skurrile Gesetze. Laut einer Regelung dürfen Frauen nicht oben ohne in Geschäften arbeiten – es sei denn, es handelt sich um ein Geschäft für tropische Fische. Wie bitte? Sie haben richtig gelesen! Beim Kauf eines Kois könnte Ihnen also eine barbusige Verkäuferin begegnen.

Griechische Modesünde

In Griechenland ist das Tragen von hohen Absatzschuhen an einigen Orten ein absolutes No-Go. Warum? Die spitzen Absätze könnten sich leicht in den Boden bohren und jahrhundertealte historische Denkmäler beschädigen. Daher ist das Tragen von High Heels in der Akropolis und anderen antiken Stätten strengstens untersagt. Es geht eher nicht um modische Etikette, sondern vielmehr um den Schutz des kulturellen Erbes Griechenlands.

Straßen sicher, Hühner frustriert

In der Stadt Quitman im US-Bundesstaat Georgia ist es Hühnern untersagt, die Straße zu überqueren. Doch hinter diesem kuriosen Verbot steckt ein durchaus vernünftiger Grund: Es soll Hühnerbesitzer dazu anregen, besser auf ihre Tiere zu achten. In der Vergangenheit stolzierte das Federvieh oft auf den Straßen herum. Und das gefährdete die Sicherheit.

Vorhang zu, Hüllen fallen

Die kanadische Stadt Nova Scotia leistet einen Beitrag zum Wassersparen, denn dort ist das Bewässern des Rasens bei Regen verboten. Moment mal, ist es nicht logisch, dass der Regen das Bewässern übernimmt und das Gießen somit überflüssig wäre? Für viele Bewohner war es das nicht und daraufhin legte die Stadt das Verbot fest. In Winnipeg gibt es ebenfalls kuriose Vorschriften: Solange die Vorhänge nicht zugezogen und die Rollläden nicht geschlossen sind, dürfen die Bewohner nicht nackt im eigenen Haus herumlaufen. Die Regel dient dem Schutz der öffentlichen Anstandsregeln und der Privatsphäre.

Von fleißigen Elektrikern und mampfenden Pferden

In Victoria, Australien, ist es einfacher, ein Känguru zu streicheln als eine Glühbirne zu wechseln. Denn laut Gesetz dürfen nur staatlich zugelassene Elektriker Glühbirnen austauschen. Und für diejenigen, die es wagen, ein Bündel Heu zu transportieren, existiert nur eine Option: das Taxi! Wer hoch zu Ross die kanadische Landschaft durchstreift: Die Barbetreiber müssen Ihr Pferd füttern und mit Wasser versorgen, während Sie Ihr Getränk genießen.

Auf zum Penis-Fest!

In Japan findet das „Kanamara Matsuri" statt, besser bekannt als das „Festival des stählernen Phallus". Dabei tragen die Teilnehmer riesige Penis-Skulpturen durch die Straßen. Dieses farbenfrohe Fest soll die Fruchtbarkeit und sexuelle Gesundheit feiern. Natürlich lassen sich Touristen aus aller Welt dieses besondere Ereignis nicht entgehen. Neben den phallusförmigen Dekorationen gibt es auch traditionelle Tänze, Essen und Spiele, die ein wichtiger Teil des fröhlichen Treibens sind.

Die wildeste Schlacht der Welt

Das Tomatina Festival in Buñol ist ein jährliches Ereignis, das weltweit für Furore sorgt. In den engen Gassen dieser kleinen Stadt in Spanien versammeln sich Tausende von Menschen, um sich in eine Schlacht mit überreifen Tomaten zu stürzen. Ursprünglich entstand das Festival in den 1940er Jahren als Auseinandersetzung zwischen Jugendlichen. Daraus entwickelte sich eine traditionelle Feier, bei der sich die Teilnehmer mit Tomaten bewerfen, in rotem Saft baden und ausgelassen feiern. Am nächsten Tag heißt es: Früh raus aus den Federn und Straßen reinigen!

Die fliegenden Orangen

Genau wie beim Tomatenfest in Spanien kreierten Italiener in einem kleinen Dorf namens Ivrea in der Provinz Turin ein ähnliches Event. Doch hier fliegen nicht Tomaten, sondern Orangen durch die Lüfte. Das Orangenfest in Italien, bekannt als die „Battaglia delle Arance", findet jedes Jahr zur Karnevalszeit statt. Während dieser fruchtigen Schlacht kämpfen rivalisierende Teams und färben die Stadt in ein Meer aus orangefarbenen Tönen. Diese Tradition reicht bis ins 16. Jahrhundert zurück. Deshalb erscheinen die Teilnehmer in mittelalterlichen Gewändern und Rüstungen.

Früchte, Freude, flinke Äffchen

Willkommen zum Affen-Buffet-Festival im thailändischen Lopburi – ein Fest, das Äffchen lieben und Besucher fasziniert! Hier bauen Einheimische jedes Jahr im November ein üppiges Buffet für die haarigen Bewohner der Stadt auf. Vor einer alten Tempelruine stehen riesige Türme aus frischem Obst und Süßigkeiten. Die Makaken genießen die Leckereien und springen neugierig umher. Für viele Touristen ist dieses Spektakel der Höhepunkt ihres Thailand-Urlaubs.

Von wilden Wikingern und brennenden Schiffen

Jetzt tauchen wir ein in die Welt der Wikinger mit dem „Up Helly Aa Festival" in Lerwick, der Hauptstadt der Shetlandinseln in Schottland. Hunderte von kostümierten Wikingern ziehen in einer Prozession durch die Straßen, gefolgt von einem ausschweifenden Feuerritual. Bei diesem Brauch verbrennen die Wikinger ein großes Langschiff. Seit der ersten Feier im Jahr 1881 hat sich „Up Helly Aa" zu einem der größten Feuerfestivals Europas entwickelt. Jedes Jahr im Januar strömen Besucher in Scharen nach Lerwick, um dieses abenteuerliche Fest zu erleben.

Viel Schlamm, viel Spaß

Jedes Jahr versammeln sich tausende Besucher in Boryeong, Südkorea, um am legendären „Boryeong Mud Festival" teilzunehmen. Hier schmieren sich die Teilnehmer mit mineralreichem Schlamm von der nahe gelegenen Küste ein. Ursprünglich als Marketingstrategie für Schlammbäder gedacht, hat sich das Festival seit seiner Gründung im Jahr 1998 zu einer der größten Veranstaltungen in Südkorea entwickelt. Neben dem Schlammgewusel sorgen Konzerte, Paraden und eine Vielzahl weiterer unterhaltsamer Aktivitäten für jede Menge Spaß.

Grunzende Menschen in Aktion

Im südwestfranzösischen Trie-sur-Baïse findet jedes Jahr im August das Schweinefest „La Pourcailhade" statt. Hier dreht sich alles um die grunzenden Tiere. Die Teilnehmer, die sich als Schweine verkleiden, messen sich in allerlei Wettbewerben. Der Höhepunkt? Eine Meisterschaft im Grunzen! Wer kann am besten die Laute eines Schweinchens nachahmen? Einige bringen vor lauter Lachen kaum noch Grunzlaute zustande. Nach dem Schweinefest bleibt kein Lachmuskel untrainiert.

Wenn Ziegen fliegen

Bereit für einen schockierenden Brauch? In der spanischen Stadt Manganeses de la Polvorosa gab es bis 2002 eine bizarre Tradition: Jemand warf eine lebende Ziege von einem Glockenturm und unten fingen die Dorfbewohner das Tier auf – ein jahrhundertealter Brauch zu Ehren des Heiligen Vinzenz. Schließlich und zum Glück wurde der Brauch verboten.

Weg mit der Handtasche!

Im Movie Park Bottrop-Kirchhellen ging es von 2012 bis 2016 richtig zur Sache: Bei den Handtaschen-Weitwurf-Weltmeisterschaften flogen die Taschen in 4 Disziplinen durch die Luft: Stoßen, Diskus, Kurbelwurf und Freestyle. Doch nicht nur die Würfe zählten, sondern auch die Originalität der Taschen und das Entertainment-Talent der Teilnehmer. Auch das Outfit floss mit in die Bewertung ein. Bis zu den Olympischen Spielen hat es dieser Sport allerdings nicht geschafft.

Bunt, bunter, am buntesten

Das hinduistische Holi-Fest läutet den Beginn des Frühlings ein und verwandelt die Welt in ein lebendiges Farbenmeer. An diesem Tag spielt es keine Rolle, wer man ist – alle sind gleich. Knallbuntes Pulver wird in alle Richtungen geworfen, sodass die Teilnehmer wie eine lebendige Farbexplosion aussehen. Doch Holi ist mehr als nur Farben und Spaß. Es symbolisiert Fruchtbarkeit sowie Neuanfang und erinnert daran, dass Menschen trotz ihrer Unterschiede zusammengehören. Das Holi-Fest wird hauptsächlich in Indien und Nepal gefeiert, aber auch in vielen anderen Ländern mit hinduistischen Gemeinschaften.

Musik und Film - Magische Klänge und unvergessliche Leinwandmomente

Staubsaugen mal anders

1967 haben die Beatles für die Aufnahme ihres Songs „I Am the Walrus" einen echten Staubsauger genutzt, um einen surrealen Klangeffekt zu erzeugen. Sie schalteten den Staubsauger ein und nahmen das Geräusch auf. So entstand ein einzigartiger Sound, der perfekt zur experimentellen Atmosphäre des Liedes passte. Diese kreative Idee war charakteristisch für die Beatles während ihrer Studioexperimente in den späten 1960er Jahren.

Die Rockgiganten

Seit ihrer Gründung im Jahr 1962 sind die Rolling Stones unermüdlich auf der Bühne und zählen zu den ältesten aktiven Rockbands. Ursprünglich bestehend aus Mick Jagger, Keith Richards, Charlie Watts und Ronnie Wood, hat das legendäre Ensemble die Welt mit unzähligen Hits begeistert. Einer ihrer erfolgreichsten Songs, „Satisfaction", eroberte 1965 weltweit die Charts. Die Rolling Stones sind immer noch eine prägende Kraft im Rock und beeinflussen die Musikszene wie eh und je!

Skurril zum Erfolg

Der längste Song aller Zeiten, der jemals in den Top 40 platziert war, heißt „In-A-Gadda-Da-Vida" von Iron Butterfly. Das Lied ist ein Rocksong mit einer imposanten Länge von 17 Minuten! Ursprünglich sollte der Song „In the Garden of Eden" heißen. Aber der Sänger, beeinflusst von Alkohol und anderen Drogen, verhaspelte sich während der Aufnahme. Doch der Produzent hielt die schräge Aussprache für passend.

In der Kürze liegt die Würze

Der kürzeste Song in der Geschichte des Rocks heißt „You Suffer" von Napalm Death. Er dauert gerade einmal 1,316 Sekunden. Der ganze Text lautet übersetzt: „Du leidest, aber warum?" Das war's, mehr kommt nicht! Diese winzige Perle der Musikgeschichte hat es sogar ins Guinness-Buch der Rekorde geschafft als das kürzeste jemals aufgenommene Musikstück. Bei Live-Auftritten von Napalm Death verlangten die Fans immer wieder nach diesem kurzen, aber prägnanten Stück. Es kam sogar vor, dass die Band den Song bis zu 50-mal hintereinander spielte.

Millionen für Visionen

Jetzt geht es um das teuerste Musikvideo aller Zeiten: „Scream" von Michael und Janet Jackson. Der Clip hat mehr als 7 Millionen US-Dollar verschlungen und wurde im Jahr 1995 veröffentlicht. Mit seinen futuristischen Kulissen und außergewöhnlichen Spezialeffekten ist das Video ein echter Augenschmaus. Kein Wunder also, dass es zahlreiche Preise gewonnen hat und bis heute zu den Highlights der Musikgeschichte zählt.

Der erfolgreiche Autodidakt

Am 27. November 1942 wurde in Seattle, Washington, ein echtes Gitarren-Genie geboren: Jimi Hendrix. Er lernte das Gitarrespielen ganz allein – ohne Unterricht oder Notenkenntnisse. Stattdessen mixte er einfach Blues, Rock, Jazz und Psychedelic zu seinem ganz eigenen Sound. Hendrix vergötterte Musik über alles und arbeitete unermüdlich daran. Deshalb wurde er zur Legende und veränderte die Rockmusik für immer.

Mozarts Schabernack

Wolfgang Amadeus Mozart, einer der bekanntesten Komponisten aller Zeiten, hatte nicht nur ein außergewöhnliches Talent, sondern auch einen ausgeprägten Sinn für Humor. Das bewies er mit seinem Stück „Leck mich im Arsch", das auf einem humorvollen Volkslied basierte. Mozart liebte es, in seiner Musik mit gesellschaftlichen Regeln zu spielen. Dieses Stück ist ein perfektes Beispiel dafür.

Die ältesten Instrumente der Welt

Die Menschheit hat seit jeher eine tiefe Verbindung zur Musik. Wussten Sie, dass die ältesten bekannten Musikinstrumente Flöten aus Knochen und Elfenbein sind? Diese antiken Artefakte wurden vor über 35.000 Jahren von unseren Vorfahren geschnitzt. In ihren Höhlen saßen sie und spielten die ersten Melodien auf selbstgemachten Flöten. Ihre Existenz deutet darauf hin, dass Musik schon in den frühesten Tagen der Menschheit eine wichtige Rolle spielte, vielleicht für soziale Bindungen, Rituale oder spirituelle Zwecke.

Marathon im Hard Rock Café

David DiDonato demonstrierte seine unermüdliche Hingabe zur Musik, indem er die längste Gitarrenperformance der Welt ablieferte. Über einen Zeitraum von 24 Stunden, 55 Minuten und 9 Sekunden hielt er sein Publikum mit mitreißenden Gitarrenklängen gefangen. Seine Leistung zeigt nicht nur sein musikalisches Talent, sondern auch sein erstaunliches Durchhaltevermögen. DiDonatos Rekord-Performance fand am 1. Dezember 2019 im amerikanischen Hard Rock Café in Philadelphia statt. Nach dem Ultramarathon brauchten DiDonatos Hände erstmal eine lange Pause.

Das Gitarrengenie, das nie spielte

Leo Fender ist bekannt als der geniale Erfinder legendärer E-Gitarren. Von der Stratocaster bis zur Telecaster werden seine Modelle von den weltweit berühmtesten Gitarristen gespielt. Damit hat Fender Musikgeschichte geschrieben. Das Kuriose daran? Er selbst konnte nicht einmal Gitarre spielen!

Die schönsten Dinge passieren ungeplant

Die legendäre Tanzszene von John Travolta und Uma Thurman in „Pulp Fiction" war nicht im Drehbuch vorgesehen. Nachdem Regisseur Tarantino sah, wie gut die beiden zusammen tanzten, fügte er die Szene hinzu. Tarantino war begeistert, wie harmonisch und glücklich das Paar dabei aussah.

Harrison Fords spontane Meisterleistung

In „Star Wars: Episode V – Das Imperium schlägt zurück" gibt es eine Szene, in der Prinzessin Leia zu Han Solo sagt: „Ich liebe dich." Ursprünglich sollte Han Solo mit „Ich liebe dich auch." antworten. Doch Harrison Ford, der die Rolle spielte, entschied sich spontan für das ikonische „Ich weiß." – eine improvisierte Szene, die als eine der besten in der Filmgeschichte gilt.

Bruce, der Schrecken der Meere

Im Film „Der weiße Hai" erlebten die Schauspieler einige echte Schreckensmomente, besonders wenn sie zum ersten Mal auf den mechanischen Hai trafen. Die unvorhersehbaren Bewegungen des Hais und die Aufregung der Schauspieler hielten die Spannung aufrecht. Der mechanische Hai besaß sogar einen Spitznamen: Bruce. Er wurde nach dem Anwalt von Steven Spielberg, Bruce Ramer, benannt und galt als Glücksbringer für den Film. Der Hai hatte ständig technische Probleme, sodass er in einigen Szenen nicht zu sehen ist. Diese Szenen untermalte Spielberg mit der legendären Musik, die den Film noch viel spannender machte.

Schmerzhafte Abenteuer, glänzender Oscar

Jackie Chan ist berühmt für seine spektakulären Stunts aber auch für die zahlreichen Verletzungen, die er dabei erlitten hat. Trotz gebrochener Knochen und anderer Blessuren setzte er seine Stunts meist ohne Stunt-Doubles um. Im November 2016 bekam Chan den Ehren-Oscar für sein Lebenswerk. Bei der Verleihung in Hollywood hielt er eine bewegende Rede. Unter anderem sagte Chan: „Nach 56 Jahren in der Filmindustrie, mehr als 200 Filmen und unzähligen gebrochenen Knochen gehört der Oscar endlich mir."

Jim Carreys millionenschwere Vision

Stellen Sie sich vor, Sie schreiben sich selbst einen Muster-Scheck über 10 Millionen Dollar aus und datieren ihn auf 10 Jahre in der Zukunft. Genau das hat Jim Carrey getan, um sich selbst zu motivieren und an seinen zukünftigen Erfolg zu glauben. Jahre später feierte Jim Carrey große Erfolge in Filmen wie „Dumm und Dümmer" und „Ace Ventura" und verdiente tatsächlich Millionen. Dies bestätigte seine Überzeugung in die Kraft der Visualisierung. Carreys großes Vorbild war die Komiker-Legende Jerry Lewis.

Die fiesen Tricks Hollywoods

Im Actionfilm „Stirb Langsam" von 1988 ist der überraschte und verängstigte Gesichtsausdruck von Alan Rickman absolut authentisch. Das Stuntteam griff auf einen alten Trick zurück, indem sie ihn unerwartet bei 1 statt bei 3 fallen ließen. Das ist nicht fair, aber eben eine echte Reaktion. Bruce Willis, der Hauptdarsteller, wurde ursprünglich nicht als Actionstar angesehen. Bevor er die Rolle des John McClane übernahm, war er vor allem als Komiker bekannt. Seine Action-Karriere begann erst, nachdem er in diesem Film so brillant überzeugte.

Der Kämpfer, der nicht aufgab

Als Sylvester Stallone das Drehbuch für „Rocky" schrieb, hatte er es wirklich schwer. Er besaß kaum Geld. Stallone stand kurz davor, all seine Habseligkeiten zu verkaufen, um irgendwie über die Runden zu kommen. Aber er hatte einen klaren Traum: Stallone wollte nicht nur das Drehbuch verfilmen, sondern auch die Hauptrolle spielen. Obwohl er viele Absagen bekam, gab er nicht auf. Stallone fand zwar Unternehmen, die seinen Film drehen wollten, aber nicht mit ihm als Darsteller. Doch das kam für Stallone nicht in Frage. Er kämpfte hartnäckig dafür, die Rolle zu bekommen und suchte weiter. Am Ende zahlte sich sein Einsatz aus. „Rocky" wurde zu einem Mega-Hit und brachte Stallone Weltruhm ein.

Der gefährliche Zauberer von Oz

Die Produktion von „Der Zauberer von Oz" im Jahr 1939 war eine riesengroße Herausforderung. Damals wusste man es nicht besser: Im Film wurde Asbest als Schneeattrappe verwendet, eine damals beliebte Deko. Heute weiß man, dass Asbest gefährliches Zeug ist. Während der Dreharbeiten erlitt Buddy Ebsen, der für die Rolle des Blechmanns vorgesehen war, eine Vergiftung durch das Aluminium-Pulver-Make-up. Dies führte zu schweren Atemproblemen und raus war er aus der Produktion. Die Rolle bekam dann Jack Haley. Das Make-up wurde durch eine weniger gefährliche Alternative ersetzt.

Die gruselige Wahrheit hinter den Kulissen

In der berühmten Szene aus dem Film „Poltergeist", in der JoBeth Williams durch einen Pool voller Skelette schwimmt, handelte es sich tatsächlich um echte Knochen und Totenköpfe. Dies war eine bewusste Entscheidung des Filmteams. Der Grund: Geld sparen. Anstatt teure Requisiten anfertigen zu lassen, wurden echte menschliche Knochen von einem Sanitätshaus erworben. So erhielt die Szene eine verstörende Realität.

Darth Vaders dunkles Geheimnis

Das Atemgeräusch von Darth Vader in „Star Wars" ist eines der legendärsten Effekte der Filmgeschichte. Wussten Sie, dass dieses unheimliche Geräusch durch eine einfache Tauchermaske entstand? Sounddesigner Ben Burtt atmete in die Maske, nahm das Geräusch auf und verstärkte die bedrohliche Wirkung. Simpel, aber genial!

Michel, das wilde Kerlchen

Astrid Lindgren, die Autorin von „Michel aus Lönneberga", ließ sich von einem echten Jungen namens Emil inspirieren, der auf einem Bauernhof in Schweden lebte. Dieser Junge spielte gerne Streiche und liebte Abenteuer, was Lindgren dazu bewegte, die Geschichten von Michel zu schreiben. Die TV-Serie „Michel aus Lönneberga" wurde in einem kleinen Dorf namens Sevedstorp in der Nähe von Vimmerby, Schweden, gedreht. Viele der Drehorte, wie Michels Haus und die Scheune, sind heute noch als Touristenattraktionen erhalten.

Wie Pippi das Licht der Welt erblickte

Als Astrid Lindgrens kleine Tochter Karin krank im Bett lag, fragte das Mädchen nach einer spannenden Geschichte. Lindgren ließ ihrer Fantasie freien Lauf. Kurzerhand improvisierte Lindgren die Abenteuer von Pippi, die später zu einer der weltweit bekanntesten Kinderbuchfiguren avancierte. Pippi Langstrumpf verkörpert Ideale wie Freiheit und Abenteuer. Ihre freche und eigenwillige Persönlichkeit hat Generationen von Lesern inspiriert, selbstbewusst zu sein und ihre Träume zu verfolgen.

Niedliche Nager erobern die Welt

Im Jahr 2007 wurde der Film „Ratatouille" zum Riesenhit, der die Geschichte einer liebenswerten, kulinarisch-interessierten Ratte erzählt. Die begeisterte Reaktion der Zuschauer führte zu einem unerwarteten Trend: Kinder wollten plötzlich eine Ratte als Haustier haben. Tatsächlich stieg der Verkauf von Ratten in den USA um erstaunliche 50 Prozent an. Die kleinen Nager haben dank des Films eine unerwartete Popularität erlangt.

Glück im Unglück

Nachdem ein Mitarbeiter versehentlich 90 Prozent des Films „Toy Story 2" gelöscht hatte, brach Panik im Team aus. Das Back-up-System, das normalerweise solche Katastrophen verhindert, funktionierte ebenfalls nicht. Glücklicherweise hatte Galyn Susman, der technische Direktor des Films, zufällig eine Arbeitskopie des Films zu Hause aufbewahrt. Dadurch konnten die meisten der gelöschten Dateien wiederhergestellt werden. Dieses Missgeschick führte dazu, dass Disney seine Sicherungsprozesse überprüfte und verbesserte. So etwas sollte schließlich nicht noch einmal passieren.

Der Schrei, der Filme verbindet

Der Wilhelmsschrei, ein besonderer Soundeffekt, hat seit 1951 einen Platz in der Filmwelt gefunden. Ursprünglich im Film „Distant Drums" verwendet, entwickelte sich der markante Schrei zu einem Running Gag unter Sounddesignern. So taucht er immer wieder in berühmten Filmen wie „Star Wars", „Indiana Jones" und „Der Herr der Ringe" auf.

Die wahren Dinos

In „Jurassic Park" von 1993 wurden die Geräusche der Dinosaurier durch eine Kombination verschiedener Tierlaute erzeugt. Das sollte den Sound möglichst realistisch wirken lassen. Die Rufe des Brachiosaurus entstanden durch Walgesänge und Affenlaute. Die unheimlichen Schreie der Velociraptoren wurden durch die Geräusche paarender Schildkröten erzeugt. Die Töne des T-Rex basieren auf den Atemgeräuschen von Pferden und dem Fauchen von Gänsen. Das Zusammenspiel von Kreativität und Wissenschaft schuf damals eine faszinierende Filmatmosphäre.

Regisseur zeichnet, Regisseur taucht

Im Film „Titanic" hat Regisseur James Cameron höchstpersönlich die berühmte Aktzeichnung von Kate Winslet angefertigt. Und das ist noch nicht alles: Alle Zeichnungen in Jacks Mappe stammen ebenfalls von ihm. Übrigens: James Cameron machte mehrere Tauchgänge zum echten Wrack der Titanic, um genaue Aufnahmen für den Film zu erhalten. Diese Aufnahmen trugen zur Realitätsnähe des Films bei. Mit einem Budget von über 200 Millionen US-Dollar war „Titanic" bei seiner Veröffentlichung der teuerste Film aller Zeiten.

Harry Potter und die zerschlissenen Dinge

Während der Dreharbeiten zu den „Harry Potter"-Filmen trug Daniel Radcliffe nicht nur eine, sondern 160 Brillen! Am Filmset ging es oft hektisch zu und die Szenen verlangten viel Körpereinsatz. So kam es, dass jede Brille irgendwann zu Bruch ging. Da Harry Potter immer seine Brille trägt, mussten viele Ersatzbrillen her. Auch die Zauberstäbe hielten nicht lange. Der Schauspieler nutzte seine Zauberstäbe nicht nur für magische Zwecke, sondern auch, um am Filmset Schlagzeug zu spielen.

Blutige Szene, echte Leidenschaft

Leonardo DiCaprio zog sich während der Dreharbeiten zu einer Szene in „Django Unchained" unbeabsichtigt eine klaffende Schnittwunde an der Hand zu. Aber anstatt die Szene zu unterbrechen, blieb er in seiner Rolle und improvisierte weiter. Multitalent DiCaprio nutzte sogar sein Blut, um das Gesicht von Kerry Washington zu beschmieren. Das zeigt nicht nur seinen unermüdlichen Einsatz für die Rolle, sondern auch seine Hingabe zum Film.

Ernährung und Delikatessen - Von eklig bis exquisit

Leckere Stinke-Eier aus China

Können Sie sich vorstellen, ein Ei zu essen, das 100 Jahre alt zu sein scheint? Nun, vielleicht nicht ganz so alt, aber in China gibt es tatsächlich etwas, das als „Hundertjährige Eier" bekannt ist. Diese Eier werden in einer geheimen Mischung aus Ton, Kalk und Asche für Wochen oder sogar Monate eingelegt. Das Ergebnis? Ein dunkelgrünes bis schwarzes Ei mit einer gelartigen Konsistenz und einem intensiven Geschmack. Trotz ihres strengen Geruchs sind sie ein beliebter Snack in der chinesischen Küche. Sicher nichts für Menschen mit sensibler Verdauung.

Der krabbelnde Käse

Jetzt geht's um einen besonderen Käse namens Casu Marzu. Das ist ein traditioneller und beliebter Käse aus Sardinien. Das Kuriose daran: Dieser Käse wird absichtlich mit lebenden Larven der Käsefliege infiziert. Diese kleinen Kerlchen machen sich über den Käse her, brechen ihn auf und verleihen ihm einen starken, würzigen Geschmack. Doch nicht jeder Käse-Feinschmecker kann in den Genuss kommen: In vielen Teilen der Europäischen Union ist die Herstellung und der Verkauf aus Hygienegründen verboten.

Die gammelige Vorspeise

Hákarl ist ein traditionelles isländisches Gericht, das schon seit Ewigkeiten zubereitet wird. Wie macht man das? Nun, man nimmt einen frisch gefangenen Hai, zerteilt ihn in große Stücke und vergräbt sie in der Erde. Der Hai bleibt dort für einige Monate und fermentiert. Er gammelt vor sich hin. In dieser Zeit entsteht Ammoniak, das dem Hai einen einzigartigen Geschmack verleiht. Nach der Fermentation wird der Hai aus der Erde herausgeholt und als Vorspeise serviert. Obwohl viele diese Delikatesse nicht mögen, genießen einige Isländer sie zu besonderen Anlässen als echte Spezialität.

Vom Zufall zum Kult

1905 mischte Frank Epperson in San Francisco Limonadenpulver mit Wasser und ließ es versehentlich über Nacht draußen stehen. Im Glas befand sich auch der Löffel. Am nächsten Morgen war seine leckere Limonade gefroren. Doch der Junge ließ sich davon nicht beirren, denn er wollte seine Limonade auch in diesem Zustand genießen. Er zog den Inhalt am Löffel heraus und kostete ihn. Lecker! Das war die Geburtsstunde des Eis am Stiel. Epperson vermarktete seine Erfindung zunächst in den USA unter dem Namen „Epsicle", heute ist sie als „Popsicle" weitaus bekannter.

Der Kaffee aus dem Katzendarm

Kopi Luwak, auch bekannt als Zibetkaffee, wird aus den unverdauten Kaffeebohnen von Zibetkatzen hergestellt. Diese Tiere fressen die reifen Kaffeekirschen, verdauen sie und scheiden die Bohnen aus. Während des Verdauungsprozesses fermentieren die Bohnen im Magen der Katze, was dem Kaffee einen einzigartigen Geschmack verleiht. Nachdem die Bohnen gesammelt, gereinigt und geröstet wurden, entsteht ein besonders milder und weniger bitterer Kaffee. Mit einem Kilopreis zwischen 800 und 1.200 Euro müssen Feinschmecker tief in die Tasche greifen. Trotz des hohen Preises ist Kopi Luwak aufgrund seines einzigartigen Geschmacks und seiner exklusiven Herstellungsmethode äußerst beliebt.

Wenn beim Essen der Tod lauert

Fugu ist ein faszinierendes, aber äußerst gefährliches Gericht in der japanischen Küche. Der Kugelfisch, aus dem Fugu zubereitet wird, enthält das tödliche Gift Tetrodotoxin in seinen Organen, insbesondere in der Leber und den Eierstöcken. Die Zubereitung von Fugu erfordert daher große Vorsicht und Präzision. Der Koch muss sicherstellen, dass keine Giftstoffe freigesetzt werden. Aus diesem Grund sind Fugu-Köche verpflichtet, eine umfangreiche Ausbildung zu absolvieren. Selbst mit dieser Ausbildung bleibt Fugu ein Risiko, denn eine falsche Zubereitung kann lebensbedrohliche Folgen haben.

Knackige Krabbeltiere

In einigen Teilen Südostasiens, insbesondere in Kambodscha, Thailand und Vietnam, kommen gebratene Taranteln auf den Teller. Früher, als es in der Region kaum Essen gab, begannen die Einheimischen, Taranteln zu essen. Die Krabbeltiere enthalten viel Eiweiß, das in der Hungersnot sehr wichtig war. Heutzutage werden die Spinnen oft als delikater Snack oder Streetfood verkauft. Nach dem Reinigen kommen die Tiere in die Fritteuse oder auf den Grill. Sie gelten als knusprig und haben einen leicht süßlichen Geschmack, der an Krabben oder Garnelen erinnert. Guten Appetit.

Die Magie des Joghurts

Joghurt gibt es schon seit über 2.500 Jahren und wurde wahrscheinlich zufällig entdeckt. Vor langer Zeit bewahrten Hirten in Zentralasien ihre Ziegenmilch in Tiermägen auf. Dann passierte etwas Seltsames: Die Milch wurde dick und säuerlich. Es stellte sich heraus, dass die Bakterien in den Mägen die Milch veränderten. Das war der Anfang eines leckeren und nahrhaften Produkts.

Edel-Käse vom Käse-Esel

In Serbien wird der teuerste Käse der Welt aus Eselmilch hergestellt – der Pule. Ein Kilogramm davon kostet etwa 1.000 Euro. Esel produzieren im Vergleich zu Kühen oder Ziegen nur wenig Milch, was die Herstellung stark begrenzt. Deshalb werden pro Jahr nur etwa 100 Kilogramm dieses exquisiten Käses verkauft. Diese Besonderheit hat einen hohen Preis zur Folge.

Achtung, Lebensgefahr!

Es ist an sich schon kurios, dass man beim Essen darauf achten muss, nicht zu sterben. Aber dass man Tiere bei lebendigem Leib verspeist, ist nicht nur skurril, sondern ethisch bedenklich. Beim koreanischen Gericht Sannakji wird der Krake lebendig gegessen. Es besteht dabei Lebensgefahr, denn die Arme des Tieres bewegen sich im Mund. Wer nicht aufpasst, dem droht der Erstickungstod.

Die beliebte Stinke-Frucht

In Südostasien ist Durian, eine stachelige Frucht, besonders beliebt und wird oft als „Königin der Früchte" bezeichnet. Trotz des extrem starken Geruchs sind viele Menschen von ihrem einzigartigen Geschmack und ihrer cremigen Konsistenz begeistert. Diese Frucht schmeckt nicht nur lecker, sondern enthält auch zahlreiche Nährstoffe. In einigen Ländern wie Singapur ist der Genuss von Durian in öffentlichen Verkehrsmitteln oder Hotels verboten. Warum? Der Geruch ist zu penetrant!

Spiel, Sandwich, Sieg

John Montagu, besser bekannt als der „Earl of Sandwich", war ein britischer Adeliger aus dem späten 18. Jahrhundert. Er hatte eine große Leidenschaft für Glücksspiele. Die Geschichte besagt, dass er so vertieft in ein Spiel war und nicht einmal für eine Mahlzeit vom Tisch aufstehen wollte. Also ließ er sich kurzerhand Fleisch zwischen 2 Brotscheiben legen und voilà – das Sandwich war geboren!

Vom Beet auf die Bühne

Ein Orchester ohne klassische Instrumente? Wie geht das? Ganz einfach, man nehme Karotten, Gurken und andere Leckereien und verwandelt diese in einzigartige Klangkörper! Das „Vegetable Orchestra" kreiert damit witzige und beeindruckende Melodien. Nach dem Konzert landen die Instrumente direkt in einem Topf und werden zu einer köstlichen Gemüsesuppe verarbeitet. Mehr Infos und Videos finden Sie auf www.vegetableorchestra.org.

Die teuerste Pizza aller Zeiten

Am 23. Mai 2001 um 2:23 Uhr war es soweit: Im Weltraum wurde Geschichte geschrieben! Eine unbemannte russische Transportkapsel lieferte die allererste Pizza ins All. Die salamibedeckte Köstlichkeit kostete satte eine Million Dollar. Allerdings zahlte nicht die Besatzung der Internationalen Raumstation ISS, sondern das US-Unternehmen Pizza Hut übernahm die Kosten für den außergewöhnlichen Werbegag.

Vom Arzneimittel zum Kultgetränk

In UV-Licht strahlt Tonic Water blau. Der darin enthaltene Stoff Chinin bringt das Getränk regelrecht zum Leuchten. Und warum ist das drin? Bis 1934 war Chinin das einzige Mittel gegen Malaria. Im 17. Jahrhundert mischten britische Kolonialbeamte in Indien Chinin mit Selters, um die bittere Arznei angenehmer zu machen. Zusätzlich fügten sie etwas Wacholderschnaps hinzu. Und so war der Gin Tonic geboren!

Der Millionen-Dollar-Schluck

Dieser Likör hat es wirklich in sich – und das nicht nur wegen seines Geschmacks! Der „D'Amalfi Limoncello Supreme" schlägt mit 44 Millionen US-Dollar pro Flasche zu Buche. Doch was treibt diesen Preis in schwindelerregende Höhen? Es ist nicht nur der Likör selbst, sondern vor allem die Verpackung. Die Flasche ist mit 3 einzelnen 13-karätigen Diamanten und einem großen 18,5-karätigen Diamanten besetzt. Es gibt weltweit nur 2 Exemplare davon. Eine Flasche wurde bereits zu diesem astronomischen Preis verkauft, während die andere noch in den Händen des Herstellers verweilt. Mit einem so begrenzten Angebot erklärt sich der Preis von selbst.

Von echten Wurzeln und fiesen Fälschungen

Viele Sushi-Fans schwören auf das scharfe Wasabi, aber hier kommt die Wahrheit ans Licht: Die meisten Wasabi-Produkte, die wir bekommen, sind nur Ersatzprodukte. Das echte Wasabi stammt ausschließlich aus Japan, wo es unter speziellen Bedingungen wächst – und das dauert Jahre! Kein Wunder, dass echtes Wasabi ein teures Vergnügen ist. Was Sie normalerweise als Wasabi bekommen, ist eigentlich nur eine Mischung aus Meerrettich, Senf, Stärke und grüner Lebensmittelfarbe.

Cornflakes statt Romantik

John Harvey Kellogg, der Erfinder der Cornflakes, war ein überzeugter Verfechter von Enthaltsamkeit. Er vertrat die Meinung, dass bestimmte Lebensmittel, darunter auch Cornflakes, dazu beitragen, sexuelle Gelüste zu unterbinden. Kellogg schwörte auf die sogenannte „Graham-Diät", die auf einfache, ballaststoffreiche Nahrung setzte. Die Diät sollte den Körper reinigen und das sexuelle Verlangen dämpfen. Ebenso glaubte Kellogg, dass Lebensmittel wie Fleisch und Gewürze sexuelle Begierden steigern. Deshalb empfahl er eine strenge Ernährung zur Kontrolle der Libido.

Feigenschmaus mit extra Protein

Wer Feigen isst, isst auch oft Wespen. Wieso das denn? Feigen sind Blüten, die im Inneren der Frucht wachsen. Sie benötigen Bestäuber, um sich zu entwickeln. Interessanterweise sind die einzigen Bestäuber für Feigen winzige weibliche Feigenwespen, die in den Hohlräumen der Frucht leben und sich dort vermehren. Diese Wespen gelangen durch eine kleine Öffnung in die Feige, um Eier zu legen und bestäuben dabei die Blüten. Während des Prozesses verlieren sie oft ihre Flügel und kommen nicht mehr heraus. Die Enzyme in der Feige lösen den Wespenkörper auf.

Die bittersüße Währung

Kakao war einst so wertvoll wie Gold! In den alten Zeiten der Azteken in Mexiko galt Kakao als kostbares Handelsgut und wurde sogar als Währung eingesetzt. Die Azteken tranken es als bitteres Getränk und tauschten es gegen andere Güter sowie Dienstleistungen ein. Wussten Sie, dass Kakao nicht nur als Getränk genossen, sondern auch als heilige Pflanze verehrt wurde? Die Azteken glaubten an die göttlichen Eigenschaften des Kakao. Deshalb verwendeten sie Kakao oft in religiösen Zeremonien und Ritualen. Als die Spanier im 16. Jahrhundert Kakao nach Europa brachten, veränderte es nicht nur den Geschmack, sondern auch die Wirtschaft. Schokolade wurde ruckzuck populär und zum begehrten Handelsgut.

Das unsterbliche Superfood

Honig ist das einzige Nahrungsmittel, das niemals verdirbt. Archäologen haben sogar in ägyptischen Gräbern Töpfe mit Honig gefunden, die über 3.000 Jahre alt und immer noch essbar waren. Dies liegt vor allem an den natürlichen Eigenschaften des Honigs, die das Wachstum von Mikroorganismen verhindern. Die hohe Zuckerkonzentration, der niedrige Wassergehalt und die natürlichen Säuren im Honig schaffen eine Umgebung, die Bakterien abtötet. So kann man noch Jahrtausende später ohne Bedenken aus dem Honigtopf schlemmen.

Ein Nobelpreis mit Zapfhahn

Niels Bohr, der Physiker, der 1922 den Nobelpreis für seine Arbeit in der Quantenmechanik gewann, erhielt nicht nur die höchste wissenschaftliche Anerkennung. Nein, er gewann auch eine lebenslange Versorgung mit kostenlosem Bier! Die renommierte Carlsberg-Brauerei schenkte ihm ein Haus, das über eine spezielle Rohrleitung verfügte. Die Leitung führte direkt von der Brauerei zu einem Bierzapfhahn im Haus. So konnte Bohr jederzeit frisches Bier direkt aus seiner privaten Leitung zapfen – ein außergewöhnliches Geschenk für einen genialen Wissenschaftler!

Die Ente im Ei

Eine kulinarische Herausforderung erwartet Sie auf den Philippinen: Balut, ein philippinisches Streetfood, besteht aus einem gekochten Entenembryo im Ei. Diese Delikatesse, oft mit Salz und Essig serviert, bietet eine reichhaltige Proteinquelle. Geschmacklich kombiniert das bräunlich-schwarze Fleisch salzige und scharfe Noten, während Schnabel- und Federbestandteile etwas bissfester sind. Zur Zubereitung reift das befruchtete Ei 14 bis 21 Tage im Brutkasten, bevor es gekocht wird. Balut besitzt tiefe kulturelle Wurzeln und gilt als Symbol für Stärke und Vitalität. In Deutschland ist Balut nach dem Lebensmittel- und Hygienegesetz verboten.

Tierisch komisch
- Skurriles aus dem Tierreich

Die Könige des Ozeans

Hier kommen die krassesten Räuber der Meere: Orcas! Die Killerwale leben in Familien, sogenannten Pods, deren Zusammenhalt enorm stark ist. Mit raffinierten und optimal abgestimmten Jagdtechniken erlegen sie ihre Beute im Nullkommanichts. Die größten Delfine der Welt richten sich im Pod immer nach den Schwächsten. Der Schwächste bekommt das erste Stück, der Schwächste bestimmt das Tempo beim Weiterziehen. Das Gehirn eines Orcas ist sehr komplex aufgebaut: Die im Hirn befindlichen Spindelzellen, die Gefühle und Emotionen regulieren, sind im Vergleich zum Menschen viel stärker ausgeprägt. Daraus schließen Forscher, dass Orcas stärker füreinander empfinden und Gefühle intensiver erleben als wir. Viele Wissenschaftler bezeichnen Killerwale nicht nur als die kognitiv intelligentesten, sondern auch als die sozialsten Tiere auf der Welt. Wie spannend es doch wäre, wenn wir die Sprache der Orcas in unsere übersetzen könnten.

Die flatternden Boten

Während des Zweiten Weltkriegs setzte man Tauben als Nachrichtenübermittler ein. Diese Brieftauben trugen lebenswichtige Botschaften über weite Entfernungen. Ihre Zuverlässigkeit machte sie zu unverzichtbaren Helfern an der Front. Einige Tauben erhielten sogar militärische Auszeichnungen für ihre Dienste. Einer der berühmtesten Brieftauben, G.I. Joe, rettete über 1.000 Soldaten und Zivilisten, indem er eine Nachricht übermittelte, die eine geplante Bombardierung verhinderte.

Die Schlafrituale der Meeresgiganten

Wale und Delfine müssen anders als wir aktiv über das Luftholen nachdenken, da sie unter Wasser nicht atmen können. Wenn die Tiere in einen Tiefschlaf fallen würden, dann würden sie ertrinken. Deshalb schlummert nur eine Gehirnhälfte, während die andere aktiv ist. In diesem Zustand kann der Wal regelmäßig auftauchen. Tatsächlich unterscheidet sich das Schlafverhalten aber von Art zu Art: Pottwale treiben aufrecht im Wasser, während sich andere Wale direkt an der Wasseroberfläche aufhalten. Studien belegen, dass Pottwale von allen Walarten den geringsten Schlafbedarf haben. Sie machen ungefähr 7- bis 10-mal am Tag ein Nickerchen, das bis zu 15 Minuten dauert. So kommen die Riesen auf rund 100 Minuten am Tag.

Von Königinnen und Kannibalismus

Termitenhügel können gigantische Ausmaße von bis zu 7 Metern erreichen und sind über viele Jahrhunderte hinweg beständig. In diesen Bauwerken herrscht normalerweise nur ein fruchtbares Weibchen: die Termitenkönigin. Die fleißige Königin produziert über einen Zeitraum von etwa 20 Jahren nahezu im Sekundentakt Eier. Die kontinuierliche Eiproduktion kann ihr Körpervolumen um das Hundertfache steigern und sie praktisch unbeweglich machen. Doch was passiert, wenn die Königin ihre Fruchtbarkeit verliert? Meist leckt ihr eigener Nachwuchs sie zu Tode. Die kleinen Termiten entziehen dem Körper der Königin sämtliche Flüssigkeiten und Fette, bis sie stirbt. So wird Platz gemacht für eine neue Herrscherin.

Giftige Tricks und fremde Waffen

Nicht alle Tiere setzen im Kampf auf ihre eigenen Mittel. Einige nutzen die Abwehrstoffe anderer Organismen, um sich zu schützen. Zum Beispiel gehören Blaugeringelte Kraken zu den giftigsten Tieren, obwohl sie ihr Gift nicht selbst herstellen. Dieses stammt von Bakterien, die in ihren Speicheldrüsen leben. Asiatische Tigernattern hingegen nehmen beim Fressen die toxischen Sekrete von Kröten auf und nutzen dies zur Verteidigung. Ähnlich verhalten sich auch einige Igel, die sich mit dem giftigen Sekret von Kröten rüsten: Sie verteilen das Sekret einfach auf ihren Stacheln. Mohrenmakis hingegen knabbern an Tausendfüßlern, um deren giftiges Sekret zu aktivieren. Vermutlich dient dies dazu, sich vor Stechmücken und Zecken zu schützen.

Kacken fürs Klima

Der Kot von Pinguinen spielt eine bedeutende Rolle im Ökosystem der Antarktis. Der eisenhaltige Kot fördert das Wachstum von Phytoplankton. Dieses Phytoplankton bindet dann große Mengen CO2 durch Photosynthese. Es dient auch dem antarktischen Krill als Nahrung. Pinguine fressen Krill, wodurch sie Eisen aufnehmen. Wenn sich die Pinguine entleeren, wird das aufgenommene Eisen ausgeschieden und gelangt durch Gezeiten oder Eisschmelzen zurück ins Meer. Forschungen an Zügelpinguinen zeigen, dass die Tiere jährlich etwa 521 Tonnen Eisen recyceln und zurück in den natürlichen Kreislauf führen.

Knackende Knochen und TNT-Termiten

Jetzt folgen 3 Tierarten, die bizarre Abwehrmethoden nutzen: Eissturmvögel setzen stinkendes, klebriges Magenöl ein, um die Flügel ihrer gefiederten Gegner zu verkleben. Das führt oft zu tödlichen Abstürzen. Dachse isolieren ungebetene Gäste in ihren Bauten, indem sie sie in langen Gängen einsperren und so lebendig begraben. Bei Bedrohung bricht der Haarfrosch seine Fingerknochen, die dann als spitze Krallen aus der Haut ragen. Arbeiter-Termiten der Art Neocapritermes taracua sprengen einen Teil ihres Rückens, um ihre Kolonie zu schützen. Dadurch wird eine Flüssigkeit mit blauen Kristallen freigesetzt, die Angreifer lähmen oder sogar töten.

Niesen, aufstehen, tanzen

In Wildhund-Rudeln gilt: Je mehr Tiere niesen, desto wahrscheinlicher ist es, dass alle aufstehen und jagen gehen. Rothirsche zeigen ähnliches Verhalten: Sie bewegen sich erst, wenn über 60 Prozent der Herde aufgestanden sind. Erfahrene Bienen spielen eine wichtige Rolle bei der Erkundung potenzieller Nistplätze und Nahrungsquellen. Sobald die Bienchen fündig geworden sind, informieren sie die anderen mithilfe von komplexen Tanzbewegungen. Sobald mehr und mehr Bienen vom Tanz überzeugt sind, machen sie sich zum neuen Standort auf.

Das Märchen vom bösen Wolf

Märchen und Mythen haben dem Wolf ein schlechtes Image verpasst. Im 19. Jahrhundert wurde der Wolf in Deutschland in freier Wildbahn ausgerottet. Doch seit dem frühen 21. Jahrhundert erobert er seine alte Heimat zurück. Mittlerweile streifen mehr als 1.300 Tiere in Deutschland umher. Wölfe sind normalerweise scheue Tiere und halten sich meist von Menschen fern. Wolfsangriffe auf Menschen lassen sich vermutlich auf Tollwut zurückführen. Deutschland ist allerdings seit 2008 tollwutfrei. Wölfe heulen, um zu kommunizieren, oft auch in der Dunkelheit, da sie hauptsächlich in der Dämmerung und nachts aktiv sind – dies hat nichts mit dem Mond zu tun.

Nur die Liebe zählt

Für ein Date 8.000 Kilometer schwimmen? Europäische Aale machen es möglich. Dieser Roadtrip beginnt nahe des Bermudadreiecks, wo sie geboren werden. Sie schwimmen dann 1 bis 3 Jahre lang nach Europa – eine Strecke von bis zu 8.000 Kilometern. Auf ihrem Weg überwinden sie sogar Hindernisse wie Wiesen und Betonflächen. Während ihrer Reise durchlaufen sie erstaunliche Veränderungen: Ihre Augen werden größer, ihr Verdauungssystem bildet sich zurück und sie hören auf zu fressen. Zudem wachsen ihre Geschlechtsorgane. Was genau bei der Paarung geschieht, bleibt ein Geheimnis, da bisher niemand die Aale dabei beobachtet hat. Nach dem Laichen sterben sie.

Tierische Familienbande

Jetzt dreht sich alles um Tiere, die auf einzigartige Weise für ihren Nachwuchs sorgen. Kängurus können 2 Jungtiere gleichzeitig säugen, auch wenn sie unterschiedlichen Alters sind. Dabei produzieren sie 2 verschiedene Arten von Milch, eine für jedes Jungtier. Wolfsspinnen tragen ihre Eier in einem Kokon mit sich herum und transportieren die Kleinen sogar nach dem Schlüpfen auf ihrem Rücken. Oktopus-Mütter bewachen ihre Eier bis zum Schlüpfen und verzichten während dieser Zeit auf Nahrung. Sie sterben oft, sobald der Nachwuchs geschlüpft ist. Orang-Utan-Weibchen stillen ihre Jungen bis zu 5 Jahre lang, manchmal sogar noch länger. Die Jungtiere verlassen ihre Mütter erst mit etwa 9 Jahren.

Meeresbewohner und ihre Superkräfte

Diese Tiere haben einige Tricks auf Lager, um Fressfeinde in die Flucht zu schlagen oder an Nahrung zu kommen: Seegurken werfen bei Angriffen ihre schleimigen Eingeweide aus, indem sie ihren Hautmuskelschlauch zusammenziehen. Die klebrigen Fäden machen ihre Gegner bewegungsunfähig oder betäuben sie mit Gift. Bei Gefahr bläst sich der Igelfisch auf das Doppelte seiner Größe auf. Das schreckt ab und verwirrt die Gegner. Der Tiefseeteufel lockt seine Opfer mit einer eingebauten Taschenlampe an. Leuchtende Bakterien sitzen an einer Art Antenne und sorgen für Licht in der dunklen Tiefsee. Um nicht immer sichtbar zu sein, kann der Fisch eine dunkle Haut über seine leuchtende Angel ziehen.

Tierisch cool

Schön warm und kuschelig muss es ein, auch bei Eiseskälte! So schützen sich Tiere bei extremen Temperaturen: Der Polarfuchs ist mit seiner flauschig dicken Unterwolle warm eingepackt und hält so Temperaturen von bis zu Minus 70 Grad stand. Kaiserpinguine halten sich in Gruppen gegenseitig warm, wobei die außenstehenden Pinguine den Schneestürmen trotzen müssen. Um fair zu bleiben, rotieren sie ständig durch. Der Zitronenfalter produziert sein eigenes Frostschutzmittel namens Glyzerin. Das senkt den Gefrierpunkt, sodass der Falter bei Minus 20 Grad überleben kann. Der Waldfrosch erstarrt im Winter zu Eis, wobei Herzschlag und Atmung komplett aussetzen. In dieser Zeit schützt ihn ein körpereigener Frostschutz aus Glukose und Harnstoff. Im Frühjahr taut er wieder auf und hüpft quietschfidel umher.

Die beste Medizin

Wenn Tiere die Natur als Apotheke nutzen, sprechen wir von Zoopharmakognosie. Um Würmer loszuwerden, fressen Schimpansen unzerkaute Blätter. Das regt die Darmtätigkeit an und die Würmer verschwinden schneller. Über 200 Vogelarten, Kapuzineraffen und andere Tiere reiben sich mit Ameisen ein, da ihre Säure Parasiten, Pilze und Bakterien entfernt. Vögel verwenden Zigarettenstummel in ihren Nestern, um die Anzahl der Milben zu reduzieren. Wenn Großtrappen an krankmachenden Darmbakterien leiden, fressen sie giftige Ölkäfer. In kleinen Mengen stellt das Gift für die Vögel kein Problem dar, es tötet lediglich die Bakterien ab.

Die Kunst des Pupsens

Einige Tiere machen sich ihre Flatulenzen auf überraschende Weise zu nutze. Die Arizona-Korallenschlange beispielsweise stößt bei Gefahr einen lauten Kloaken-Pups aus, um Feinde zu vertreiben und gleichzeitig ihr Gift zu sparen. Seekühe wiederum verwenden ihre Winde, um im Wasser auf- und abzutauchen. Dabei helfen ihnen Gas-Depots im Darm, an der Oberfläche zu bleiben. Wenn sie hungrig werden, lassen sie Luft ab, um zum Meeresgrund zu sinken und nach Seegras zu suchen. Nashörner hingegen gebrauchen ihre stinkenden Darmgase, um Artgenossen über ihre Paarungsbereitschaft und Gesundheit zu informieren.

Wombats und ihre Würfelkunst

Das Wombat, ein australisches Beuteltier, hat eine ziemlich witzige Eigenheit: Es kackt viereckige Kotballen. Diese Form entsteht durch ein kompliziertes Verdauungssystem. Der lange Darm des Wombats formt und komprimiert den Kot, während er durch den Körper wandert. Die Wombats platzieren ihre Häufchen dank ihrer würfelförmigen Form stabil auf Felsen und anderen Erhebungen. So markieren die niedlichen Tiere ihr Revier optimal, denn die Würfelchen können nicht davonrollen.

Die unverwüstlichen Helden der Natur

Jetzt kommen wir zu einem wahren Meister der Regeneration: dem Axolotl. Der mexikanische Salamander kann nicht nur Gliedmaßen nach Verletzungen oder Amputationen nachwachsen lassen, sondern auch Teile seines Gehirns und seines Herzens erneuern. Diese Fähigkeit hat die Neugier von Wissenschaftlern geweckt. Forscher hoffen, die geheimnisvollen Mechanismen dahinter zu entschlüsseln, um neue Behandlungen für Verletzungen beim Menschen zu entwickeln.

Papa macht das schon

Seepferdchen sehen aus wie magische Wesen aus einer anderen Welt. Anders als bei den meisten Tierarten ist es beim Seepferdchen das Männchen, das die Verantwortung für die Schwangerschaft übernimmt. Nach der Paarung überträgt das Weibchen die Eier in die Bruttasche des Männchens. Das Männchen trägt die Eier während der gesamten Tragzeit, die je nach Art zwischen 10 und 25 Tagen liegt. Nach dieser Zeit schlüpfen winzige, vollständig entwickelte Jungtiere aus der Bruttasche.

Schönheit liegt im Auge des Betrachters

Der Blobfisch hat einen ganz besonderen Look, der ihm den Titel des hässlichsten Tieres der Welt eingebracht hat. Seine schlaffe, schlabberige Haut und sein mopsähnliches Gesicht verleihen ihm ein ungewöhnliches Äußeres. Obwohl der Blobfisch surreal aussieht, verfügt er über faszinierende Anpassungsfähigkeiten. Er hält den harten Bedingungen der Tiefsee stand und fühlt sich weit unten im Ozean pudelwohl.

Mit Gelassenheit durch den Tag

Faultiere sind nicht faul, sondern haben einfach einen sehr langsamen Stoffwechsel. Ihr gemächliches Tempo hilft ihnen, Energie zu sparen und sich an ihr Leben in den Baumkronen anzupassen. Sie schlafen bis zu 20 Stunden am Tag und bewegen sich oft nur mit einer Geschwindigkeit von etwa 0,24 km/h. Die meiste Zeit hängen sie kopfüber an Ästen. Die sympathischen Tiere verlassen nur dann die Baumwipfel, wenn sie ihre Notdurft am Boden verrichten müssen.

Die Raketen der Tierwelt

So flink flitzt kein anderer: Der Gepard ist nicht nur das schnellste Landtier der Welt, sondern auch ein Meister der Beschleunigung. Innerhalb von 3 Sekunden kann die Raubkatze Geschwindigkeiten von bis zu 100 km/h erreichen. Wenn das grazile Tier blitzschnell loslegt, sind die Chancen für eine erfolgreiche Jagd sehr hoch. Allerdings kommt der Gepard schnell aus der Puste. So kann es vorkommen, dass er Beute erlegt und eine Pause zum Durchatmen braucht. Genau dieses Päuschen nutzen andere Tiere wie Hyänen oder Geier, um sich über die Mahlzeit herzumachen.

Witziger Name, duftendes Gefieder

Tollpatschig, niedlich, unbeholfen – so wirkt der Kakapo, ein flugunfähiger Vogel aus Neuseeland. Der Eulenpapagei zählt zu den seltensten Vögeln weltweit. Sein Name stammt aus der Sprache der Māori: Kākāpō, was auf Deutsch Nachtpapagei bedeutet. Dieser nachtaktive Vogel ernährt sich hauptsächlich von Pflanzen und ist der einzige bekannte flugunfähige Papagei. Auch spannend: Sein weiches Gefieder verströmt einen starken Blumen- und Honigduft.

Die listigen Schlauberger

Krähen sind clevere Vögel mit erstaunlichen Problemlösefähigkeiten. Sie setzen Werkzeuge ein, um an Nahrung zu gelangen und knacken komplexe Rätsel wie das Öffnen von Behältern. Beispiel: Krähen legen Nüsse auf die Straße, um Autos darüber fahren zu lassen. Danach ist die Nuss aufgebrochen und die Schlauberger schnappen sich die Leckerei. Die Tiere können sogar Gesichter erkennen und erinnern sich lange an Menschen.

Der niedliche Langfinger

Das Aye-Aye, auch Fingertier genannt, ist ein nachtaktiver Primat aus Madagaskar, der für seinen auffällig langen Mittelfinger bekannt ist. Das schaut unnatürlich aus, aber die Natur hat sich etwas dabei gedacht: Mit dem Riesenfinger fischt das Aye-Aye geschickt nach Insekten in Baumstämmen. Auch die Zunge des schnuckeligen Tieres hat Riesenmaße, denn diese kann sehr viel länger sein als der Körper. So gelingt es wunderbar, Insekten in engen Spalten zu erreichen.

Ente trifft Maulwurf

Mutter Natur hält viele Überraschungen bereit: Das Schnabeltier legt Eier wie ein Vogel, säugt und pflegt aber seine Jungen wie ein Säugetier. Mit seinem schnabelartigen Maul erinnert das australische Tier an eine Ente. Der Körper erinnert an einen Maulwurf. Das Schnabeltier lebt hauptsächlich in Gewässern entlang der östlichen Küstenregionen Australiens und in Tasmanien. Ein faszinierendes Mysterium der Natur, das uns immer wieder daran erinnert, wie vielfältig das Leben auf unserem Planeten ist.

Eine flauschige Familienbande

Otter haben mit bis zu 1 Million Haaren pro Quadratzentimeter das dichteste Fell im Tierreich. Das ist mehr als das Zehnfache von dem, was die meisten Menschen auf dem Kopf haben! Diese flauschige Pelzpracht dient dazu, die Otter im kalten Wasser warm und gemütlich zu halten. Otter sind auch echte Teamplayer: Sie halten sich oft gegenseitig im Wasser fest, damit sie nicht auseinanderdriften. Außerdem pusten sie ihren Jungen Luft ins Fell, damit sie auf dem Wasser treiben. Otter sind nicht nur niedlich, sondern sehr liebevoll miteinander.

Pflanzenpower und Naturwunder - Von grünen Giganten und strahlenden Stränden

Die Giganten unter den Bäumen

Methuselah, eine Kiefer im Inyo National Forest in Kalifornien, ist einer der ältesten Bäume der Welt. Mit einem Alter von über 5.000 Jahren hat der Baum die Zeit der altägyptischen Pharaonen miterlebt. Schade, dass uns der Senior nicht erzählen kann, was sich damals wirklich abgespielt hat. Im riesigen Redwood National Park in Kalifornien steht der höchste Baum der Welt – ein Küstenmammutbaum mit mehr als 115 Metern Höhe! Die genauen Standorte werden geheim gehalten, um die Naturwunder vor Vandalismus zu schützen.

Haarige Kakteen, niedliche Mäuse

Der dichte Pelz an einem Kaktus ist kein stylisches Detail. Er hilft der Pflanze, nachtaktive Bestäuber anzulocken. Fledermäuse nutzen zur Nahrungssuche vor allem ihren Gehör- und Geruchssinn. Mit ihrem Sonar verfolgen sie nachts sogar fliegende Beutetiere. Doch Fledermäuse lieben auch süßen Nektar von Kakteen. Die Pflanzen reflektieren das Sonar der Fledermäuse, sodass die fliegenden Säuger deren Blüten schnell finden. Sobald das Tier am Kaktusnektar schlürft, bleibt im flauschigen Fell jede Menge Blütenstaub haften. Wenn die Fledermäuse weiterziehen, tragen sie die Pollen auch zu weit entfernten Kakteen – so ist die Fortpflanzung der Kakteen gesichert.

Böller der Natur

Jetzt geht's um natürliche Phänomene, die mit Knalleffekten beeindrucken. Beginnen wir mit dem Sandbüchsenbaum. Dieser trägt nicht nur bedrohliche Stacheln, sondern auch explosive, tennisballgroße Früchte. Während der Reifung trocknet die Frucht und es entsteht Spannung. Schließlich explodiert die Frucht und schleudert ihre Samen mit 250 km/h bis zu 45 Meter weit. Die nächste Dynamit-Pflanze: In der Spritzgurke sammelt sich nach und nach Saft in den Zellen, sodass der Druck steigt. Irgendwann platzt die Gurke und die Samen fliegen weit weg. Die Gewöhnliche Schneebeere, auch bekannt als Knallerbse, lässt es ebenso krachen: Ihre Beeren sind voller Wasser und haben eine dicke Haut. Wenn man sie zerdrückt, knallen sie auf – ein Spaß für Jung und Alt.

Groß, größer, am größten

Welcher Berg ist wirklich der größte? Der Mount Everest, bekannt als der höchste Berg der Welt, ist von seinem Fuß im Himalaya aus gemessen gerade einmal 3.500 Meter hoch. Nur vom Meeresspiegel aus kommt er auf 8.849 Meter. Niemand bestreitet, dass sein Gipfel am weitesten in den Himmel ragt. Dennoch wird er in der Gesamtgröße locker vom hawaiianischen Mauna Kea übertroffen. Der Mauna Kea ist insgesamt etwa 10.200 Meter groß. Fast 6.000 Meter des ruhenden Vulkans befinden sich allerdings unter Wasser und werden deshalb in üblichen Größenvergleichen häufig unterschlagen.

Museen am Meeresgrund

In den Tiefen der Weltmeere liegen unendlich viele Rätsel der Menschheit. Dort werden Überreste wie zum Beispiel Schiffswracks durch Wasser, Dunkelheit, Kälte und den Mangel an Luft konserviert. Vor der türkischen Küste nahe der Halbinsel Gallipoli versanken während einer Seeschlacht des Ersten Weltkriegs mehrere Schiffe, darunter die britische HMS Majestic. Noch heute ist das Loch in der Panzerung sichtbar, das durch den Einschlag eines Torpedos in die Bordwand gerissen wurde. Seit 2021 können 12 dieser Wracks in Tiefen von bis zu 30 Metern als Teil eines Unterwassermuseums besichtigt werden.

Mystische Lichtspiele im Nebel

In unseren Breitengraden gibt es die meisten Nebeltage im Oktober und November. Nebel ist nichts anderes als kondensierter Wasserdampf – eine Wolke mit Bodenkontakt. Zu den nebelreichsten Orten Europas gehört der Brocken im Harz. An ungefähr 300 Tagen im Jahr liegt der Brocken im Nebel. Das mystische Phänomen des „Brockengespensts" wurde nach dem Berg benannt. Es entsteht, wenn Schatten auf eine dichte Nebelwand fallen. Reflektieren die feinen Nebeltröpfchen die Sonne, ist das „Gespenst" zusätzlich von einem Lichtkranz umgeben. Wussten Sie, dass es nicht nur bunte Regenbögen, sondern auch weiße Nebelbögen gibt? Hier kommt es auf die Größe der Nebeltröpfchen an: Sind sie besonders klein, entsteht ein weißer Bogen am Himmel.

Das Zuhause der Drachen

Grüne Landschaften, abenteuerliche Pfade und ein idyllisches Tal – das ist die Kulisse für eine Wanderung durch die Drachenschlucht. Doch diese geheimnisvolle Schlucht liegt nicht im Amazonas-Dschungel, sondern im Thüringer Wald, genauer gesagt in Eisenach. Die Felsklamm ist an der schmalsten Stelle 70 Zentimeter breit, aber dafür mehr als 250 Millionen Jahre alt. Die steilen, moosbewachsenen Felswände und die abenteuerlichen Wege verleihen der Wanderung ein echtes Indiana-Jones-Flair. Drachen sucht man dort allerdings vergebens. Der Name entstand im Jahr 1832 im Rahmen einer Marketing-Maßnahme, als die Drachenschlucht erstmals für Besucher zugänglich gemacht wurde.

Die Macht der Natur

Sobald Mutter Natur die Möglichkeit hat, macht sie sich breit. Hier 3 Beispiele aus dem Real Life: Seit 1972 liegt ein Schiffswrack in der Homebush-Bucht bei Sydney, auf dem im Laufe der Zeit ein dichter Mangrovenwald gewachsen ist. Der Vulkan Paricutin in Mexiko war bis 1953 aktiv. Dadurch wurde der Ort San Juan Parangaricutiro fast vollständig unter Lava verschüttet. Heute ragt nur noch die Kirche aus dem Lavafeld. In den 1980er Jahren verließen viele Bewohner das chinesische Fischerdorf Houtouwan auf der Suche nach einem besseren Leben. Die Häuser im Dorf sind heute komplett von Pflanzen überwuchert.

Die geheime Welt der Pilze

Nachts beginnt in einigen Regionen Australiens ein leuchtendes Naturschauspiel. Der Australische Geisterpilz fängt an zu schimmern – ein klassischer Fall von Biolumineszenz. Spezielle Enzyme im Gewebe lösen den märchenhaften Effekt aus. Noch ein interessanter Pilz-Fakt: Ötzi, der Mann aus dem Eis, war überzeugt von der heilenden Wirkung von Pilzen. Deshalb hatte er immer 2 Birkenporlinge dabei. Und nun zu einem wahren Giganten: Das größte Lebewesen der Welt ist ein Pilzgeflecht! In Oregon, USA, erstreckt sich ein Hallimasch über 9 Quadratkilometer. Der Pilz wiegt mehr als 600 Tonnen! Sichtbar sind jedoch nur seine kleinen Fruchtkörper, denn der viel größere Teil liegt verborgen im Erdreich.

Die Queen unter den Blumen

Die „Königin der Nacht" ist eine einzigartige Pflanze, berühmt für ihre schönen Blüten und ihre außergewöhnliche Blütezeit. Diese Kakteenart stammt aus den Wäldern Mexikos, Mittel- und Südamerikas. Das Besondere ist ihre Blüte, die nur einmal im Jahr vorkommt und meistens spät abends beginnt. Die Pflanze entfaltet langsam ihre große, prächtige Blüte, die nur eine Nacht lang geöffnet bleibt. Dieses kurze Spektakel zieht Schmetterlinge und Nachtfalter an, die für die Bestäubung sorgen. Am nächsten Tag welken die Blüten, aber ihre Schönheit bleibt Betrachtern lange in Erinnerung.

Wenn Bäume plaudern

Bäume haben eine faszinierende Art der Kommunikation: Sie nutzen den Boden als geheimen Nachrichtenkanal! Durch ihre Wurzeln und Pilznetzwerke senden sie chemische Signale aus, um sich gegenseitig vor Schädlingen und Krankheiten zu warnen. Diese intelligente Form der Kommunikation hilft den Bäumen, sich zu schützen und gemeinsam zu überleben. Es zeigt, dass die Natur viel raffinierter ist als gedacht. Bäume sind wirklich wahre Teamplayer!

Wenn Wasser zu Feuer wird

Der Horsetail-Wasserfall im kalifornischen Yosemite-Nationalpark fließt nur wenige Wochen im Jahr. Das geschieht normalerweise von Dezember bis April, wenn ausreichend Wasser durch Schneeschmelze oder Regenfälle vorhanden ist. Noch seltener verwandelt sich der Wasserfall in ein feuriges Farbenspiel. Sobald die Abendsonne in einem bestimmten Winkel steht, reflektieren die Granitwände des markanten Felsens das Sonnenlicht. In dieser Zeit sieht der Wasserfall wie herabstürzende Lava aus – ganz wie aus einer mystischen Fantasiewelt.

Die unruhigen Feuerberge Islands

Im Januar 2024 erschütterte ein heftiger Vulkanausbruch Island. Die glühende Lava bahnte sich ihren Weg durch das Land und zerstörte erstmals seit einem halben Jahrhundert Häuser. Island liegt auf dem Mittelatlantischen Rücken, einer geologischen Bruchzone, wo sich die nordamerikanische und die eurasische Platte voneinander entfernen. Dies führt zu einer erhöhten vulkanischen Aktivität, da Magma aus dem Erdmantel aufsteigt und Vulkanausbrüche sowie Erdbeben verursacht. Island ist die Heimat von über 30 aktiven Feuerbergen.

Feuer, Lava, Action

Mit seinen 3.000 Metern Höhe erhebt sich der Ätna majestätisch über die Landschaft Siziliens. Der Vulkan zählt nicht nur zu den höchsten Vulkanen Europas, sondern auch zu den aktivsten. Im November 2023 schleuderte er große Mengen glühende Lava in den Himmel – ein Ereignis, das die Region in Atem hielt. Doch auch der Stromboli, ein Vulkan in Italien, spuckt alle 15 bis 30 Minuten Lava aus. Dennoch sind größere Ausbrüche selten. Im Schatten dieser bekannten Feuerberge steht ein eher unauffälliger Riese: der Campi Flegrei. Der italienische Vulkan liegt zwei Drittel unter Wasser. Campi Flegrei ist ein Supervulkan, der sich über ein Gebiet von etwa 13 Kilometern erstreckt.

Ein Strand voller Diamanten

Jetzt reisen wir zu einem schwarzen Strand, auf dem bizarr geformte Kristalle liegen. Wo kann das sein? Natürlich auf Island, der Insel aus Eis und Feuer. Der dunkle Sand ist erstarrte Lava, während die glitzernden Kristalle aus Gletschereis bestehen. Diese glänzenden Eiskristalle sind schön anzusehen, doch sie signalisieren auch die zunehmende Schmelze der Gletscher. Die Eisbrocken am sogenannten Diamantstrand stammen vom Breiðamerkurjökull-Gletscher. Dort brechen regelmäßig große Stücke ab und gelangen durch eine nahegelegene Gletscherlagune ins Meer. Das Meereswasser spült das Eis dann an den Strand.

Kurioses über Australien

Emus und Kängurus können nicht rückwärts laufen. Deshalb sind sie auf dem australischen Wappen, um das Motto „Immer vorwärts, niemals rückwärts" zu symbolisieren. Australien hat so viele Strände, dass man jeden Tag einen neuen besuchen könnte – für ganze 30 Jahre! Hier leben auch doppelt so viele Kängurus wie Menschen, nämlich rund 50 Millionen. Und nirgendwo auf der Welt gibt es so viele gefährliche Tiere wie hier. Wenn zwei sich streiten, freut sich der Dritte: Canberra wurde zur Hauptstadt, weil sich Sydney und Melbourne nicht einigen konnten.

Internet und Digitales - Erstaunliche Storys aus der Onlinewelt

Die Amazon-Saga

Es war einmal im Jahr 1994, als Jeff Bezos beschloss, eine kleine Online-Buchhandlung namens Amazon zu gründen. Sein erster Verkauf? Ein Buch mit dem Titel „Fluid Concepts and Creative Analogies: Computer Models of the Fundamental Mechanisms of Thought" von Douglas Hofstadter. Bezos begann in seinem Keller, in dem er die ersten Bestellungen persönlich verpackte. Was als bescheidene Idee begann, entwickelte sich schnell zu einem Milliardenunternehmen. Heute? Sein persönliches Vermögen hat die 200-Milliarden-Dollar-Marke durchbrochen. Bezos ist damit einer der mächtigsten Unternehmer im Universum des Online-Shoppings.

Elefantastisches YouTube-Debüt

Im Jahr 2005 wurde das allererste YouTube-Video hochgeladen. Es trägt den Titel „Me at the zoo". In dem Video sieht man einen der Mitbegründer von YouTube, Jawed Karim, vor dem Elefantengehege im Zoo von San Diego. Karim wirkt schüchtern und erzählt etwas über die knuffigen Dickhäuter. Der bereits über 300 Millionen Mal angesehene Clip ist noch immer online! Heutzutage wird auf YouTube täglich so viel neues Material hochgeladen, dass es 16 Jahre dauern würde, alles anzuschauen.

Die Erfolgsgeschichte von Facebook

Im Jahr 2004 stellte Mark Zuckerberg mit der Einführung von Facebook die Social Media-Welt auf den Kopf. Ursprünglich als Bewertungsplattform für Harvard-Studenten gestartet, verzeichnete die Seite bereits in den ersten Stunden 22.000 Aufrufe. Im Mai 2018 erreichte Facebook einen Meilenstein von über 2 Milliarden monatlichen Nutzern. Das Unternehmen von Zuckerberg hat heute einen Börsenwert von rund 1,3 Billionen US-Dollar, was es zu einem Giganten der Technologiebranche macht.

Die Anfänge des Online-Briefverkehrs

Im Jahr 1971 revolutionierte Ray Tomlinson, ein Ingenieur bei BBN-Technologies, die Welt der Kommunikation, indem er die allererste E-Mail verschickte. Seine Botschaft war simpel: QWERTYUIOP. Diese Nachricht wurde zwischen 2 Computern im selben Raum über das ARPANET, den Vorläufer des modernen Internets, übertragen. Um Benutzernamen und Host zu unterscheiden, verwendete Tomlinson das berühmte @-Symbol und sendete die historische E-Mail an niemand anderen als sich selbst.

Die Welt im Nachrichtenrausch

Täglich werden weltweit 333 Milliarden E-Mails verschickt. Doch da geht noch mehr: Experten prognostizieren einen weiteren Anstieg und schätzen, dass in den nächsten Jahren täglich rund 400 Milliarden E-Mails weltweit versendet werden könnten. Dieser rasante Anstieg verdeutlicht die immer größere Bedeutung der digitalen Kommunikation in unserer globalisierten Welt.

Vom Längsten zum Beliebtesten

Die längste bekannte Internetadresse heißt www.thelongestdomainnameintheworldandthensomeandthensomemoreandmore.com. Diese Domain enthält insgesamt 63 Zeichen und wurde 1999 registriert. Sie dient vor allem dazu, die Grenzen der technischen Möglichkeiten auszuloten und ist eher ein Kuriosum als eine Website. Die Seite ist noch immer online, enthält aber keinen nennenswerten Inhalt. Die meistbesuchte Website der Welt ist Google.com mit 172,19 Milliarden monatlichen Besuchen. An zweiter Stelle liegt YouTube.com mit 108,66 Milliarden Besuchen pro Monat. Danach folgen Facebook, Pornhub, Twitter, Wikipedia und Instagram.

Millionen für einen Namen

Im Jahr 2010 wurde die Internetadresse Insure.com für unglaubliche 16 Millionen US-Dollar verkauft. Dieser Kauf gilt als einer der teuersten Domainverkäufe aller Zeiten. Insure.com ist eine Versicherungswebsite, die Vergleiche und Informationen zu verschiedenen Produkten anbietet. Wer hätte gedacht, dass ein paar Buchstaben so viel wert sein könnten?

Der Anfang von etwas Großem

Die erste Website der Welt trägt den Namen info.cern.ch. Sie wurde vom britischen Informatiker Tim Berners-Lee am CERN (Europäische Organisation für Kernforschung) entwickelt. Dabei handelte es sich um ein Informationsportal, das Informationen über das World Wide Web-Projekt bereitstellte und Anleitungen zur Erstellung von Webseiten enthielt. Diese Website markierte einen bedeutenden Meilenstein in der Entwicklung des Internets.

Die neue Ära des Entertainment

In den letzten Jahren nahm die Beliebtheit von Streaming-Diensten rasant zu. Plattformen wie Netflix, Amazon Prime Video und Disney+ bieten eine umfangreiche Auswahl an Filmen und Serien zum sofortigen Anschauen an. Diese Entwicklung hat dazu geführt, dass traditionelle Fernseh- und Kabeldienste in den Hintergrund gerückt sind. Beim Streamen haben Verbraucher die Möglichkeit, ihre Lieblingsinhalte jederzeit und überall abzurufen.

Weg vom Bildschirm, ab in die Natur

Im Zeitalter von Non-Stop-Bildschirmzeit und ständiger Online-Präsenz sehnen sich immer mehr Menschen nach einer Pause von der digitalen Welt. Digitale Detox-Programme und Kur-Retreats bieten genau das: eine Auszeit von Technologie, um stattdessen Zeit im Freien zu verbringen und Achtsamkeit zu üben. Alles mit dem Ziel, das Wohlbefinden und die mentale Gesundheit zu verbessern.

Von der Couch zum Ruhm

E-Sports ist eine wachsende Industrie, in der Spieler in verschiedenen Videospielen miteinander konkurrieren. Die größten E-Sport-Events locken Millionen von Zuschauern an und bieten Preisgelder in Millionenhöhe. Professionelle E-Sportler erzielen durch Sponsoring und Turnierpreise beachtliche Einkommen. Der bestverdienende E-Sport-Spieler weltweit ist N0tail (John Sundtein). Der Profi hat im Laufe seiner Karriere über 7 Millionen US-Dollar verdient.

Kleine Symbole, große Wirkung

Emojis sind eine universelle Sprache des digitalen Zeitalters und werden täglich in Milliarden von Nachrichten verwendet. Das Wort Emoji stammt aus dem Japanischen und bedeutet „Bildzeichen". Die erste Reihe von Emojis wurde 1999 von einem japanischen Mobilfunkanbieter eingeführt und umfasste 176 Symbole. Das meistgenutzte Emoji ist der lachende Smiley mit Tränen.

Der ultimative Ohrwurm

Das meistgesehene Video auf YouTube ist „Baby Shark Dance" von Pinkfong. Es wurde im Juni 2016 veröffentlicht und hat bisher mehr als 14 Milliarden Aufrufe gesammelt. Der Song ist ein absoluter Ohrwurm, der einen lange verfolgt. Sobald der Clip beginnt und die Musik erklingt, fängt man automatisch an, mit den Beinen zu wippen und mitzusingen! Probieren Sie es gerne aus.

Der einfache Look

Steve Jobs, der Mitbegründer von Apple, bevorzugte einen simplen Look: schwarzer Rollkragenpullover, Jeans und Sneakers. Dieser minimalistische Stil symbolisierte Einfachheit und Funktionalität, ähnlich wie seine Designphilosophie für Apple-Produkte. Mark Zuckerberg von Facebook ist ebenfalls für seinen einfachen Kleidungsstil bekannt. Er trägt oft ein graues T-Shirt, eine Kapuzenjacke und Jeans. Dieser lässige Look zeigt, dass er sich lieber auf sein Unternehmen konzentriert, statt Zeit und Aufmerksamkeit für Mode zu verschwenden.

Von Lausbuben zu Milliardären

Bill Gates Erfolgsgeschichte ist alles andere als gewöhnlich – sie begann an seiner Highschool. Dort schmiedete er mit seinem Freund Paul Allen Pläne, um sich in das Schulcomputersystem zu hacken. Statt sich mit Hausaufgaben zu beschäftigen, verbrachten sie Stunden damit, Computer zu erkunden. Auch wenn sie erwischt wurden und Ärger drohte, erkannte die Schule ihr Talent und ermöglichte es ihnen, ihre Fähigkeiten außerhalb des Unterrichts weiterzuentwickeln. Diese frühen Abenteuer legten den Grundstein für Gates spätere Erfolge in der Tech-Welt. Im Jahr 1975 gründeten Gates und Allen das legendäre Unternehmen Microsoft – und der Rest ist Geschichte. Heute zählt Gates zu den reichsten Menschen der Welt.

Wenn Bücher die Zukunft voraussehen

Virtual Reality-Brillen sind tragbare Geräte, die Nutzern das Betreten virtueller Welten ermöglichen. Durch visuelle und manchmal auch auditive Eindrücke wird der Eindruck erweckt, sich tatsächlich an einem anderen Ort zu befinden. Kurioserweise stammt die Idee moderner VR-Brillen aus einem Science-Fiction-Roman. Schon 1935 beschrieb der Autor Stanley G. Weinbaum in seiner Kurzgeschichte „Pygmalion's Spectacles" eine Brille, mit der Benutzer in eine virtuelle Realität eintauchen. Obwohl die Technologie damals undenkbar war, beeinflusste diese Idee die Entwicklung von VR-Systemen ab den 1990er Jahren.

Der ungebetene Gast

In den Anfängen der Computerprogrammierung wurde der Begriff „Bug" geprägt, um Fehler in Programmen zu beschreiben. Die Namensgebung geht auf Grace Hopper zurück, eine Informatikerin, die 1947 einen Käfer (englisch: Bug) im Computer entdeckte. Anscheinend sorgte das Krabbeltier für Probleme im System. Seitdem wird der Begriff „Bug" weltweit als Bezeichnung für Programmfehler verwendet.

Die Frau, die das Wellenreiten im Internet erfand

Im Jahr 1992 suchte die Bibliothekarin Jean Armour Polly nach einem Titel für ihren Artikel über das Thema Internetnutzung. Inspiriert von ihrem Mousepad mit einem Surfer darauf, nannte sie ihn einfach „Surfing the Internet". Polly betrachtete den Begriff „Surfen" als passend für die Vielfalt des Internets. Sie verglich die Onlinewelt mit einem Ozean voller Irrwege und Schätze. Der Artikel wurde im Dezember 1992 veröffentlicht und verbreitete sich im Handumdrehen weltweit. Die Phrase „im Internet surfen" ging schnell in den alltäglichen Sprachgebrauch über.

Die Welt des Sports - Siege, Schweiss und Schenkelklopfer

Böse Überraschung im hohen Gras

Vor 1949 wurde der Tennisrasen bei Wimbledon präzise auf 5,08 Zentimeter gehalten. Doch ein kurioser Vorfall veranlasste eine drastische Änderung: Ein britischer Spieler wurde während eines Matches von einer Schlange gebissen. Der Sportler sah das Tier nicht, weil es sich im hohen Gras versteckte. Kurzerhand entschieden die Verantwortlichen, den Rasen zu kürzen. Seitdem wird der Rasen bei Wimbledon auf eine Höhe von etwa 2,5 Zentimetern geschnitten.

Rauf auf den Schlitten

Das „Iditarod Trail Sled Dog Race" in Alaska ist das längste Schlittenhunderennen der Welt. Der Wettkampf erstreckt sich über eine 1.600 Kilometer lange Strecke durch die raue Wildnis Alaskas. Die Teilnehmer müssen extreme Temperaturen, schwierige Geländebedingungen und die Herausforderungen der arktischen Wildnis bewältigen. Die Strecke führt durch abgelegene Gebiete, einsame Tundren und gefrorene Flüsse. Dabei sind die Teams auf die Instinkte ihrer Hunde angewiesen. Das Rennen ist eine Hommage an die enge Bindung zwischen Mensch und Tier in einer der extremsten Umgebungen der Welt.

Voll ins Schwarze

Der Bogenschütze Matt Stutzman, auch bekannt als Armless Archer, bricht Rekorde und überwindet Hindernisse wie kein anderer. Trotz seiner angeborenen Herausforderungen – er wurde ohne Arme geboren – schaffte es Stutzman, einen Pfeil über eine Entfernung von 283,47 Metern exakt auf eine Zielscheibe zu schießen. Damit bewies er der Welt, dass wahre Helden keine Superkräfte brauchen, sondern nur eine ordentliche Portion Entschlossenheit und Fleiß.

Rot vor Anpfiff

1999 erhielt der jamaikanische Fußballer Walter Boyd eine unrühmliche Auszeichnung: die schnellste rote Karte in der Geschichte des Fußballs. Als sein Team, der FC Swansea, einen Freistoß erhielt und Boyd eingewechselt wurde, kickte er sich selbst ins Aus: Boyd nutzte die Gelegenheit, einem Gegenspieler sofort nach seiner Einwechslung einen Ellenbogenstoß zu verpassen. Der Schiedsrichter zückte die rote Karte, bevor das Spiel überhaupt wieder begonnen hatte.

Lewandowskis Rekordjagd

Torjäger Robert Lewandowski schaffte etwas Historisches: Bei einem Siel gegen den VfL Wolfsburg im Jahr 2015 erzielte er ganze 5 Tore in nur 8:59 Minuten. Dafür erhielt der Fußballer 4 Auszeichnungen! Schnellster Hattrick der Bundesligageschichte (3 Minuten und 22 Sekunden), schnellster Viererpack (5 Minuten und 42 Sekunden) und Fünferpack (8 Minuten und 59 Sekunden), dazu der Rekord der meisten Tore nach einer Einwechslung.

Der Hund und das Rad

In den späten 1800er Jahren erfand der berühmte Kunstradfahrer Nick Kaufmann die ungewöhnliche Sportart Radball. Die Gedanke kam ihm, als ein kleiner Hund plötzlich vor sein Rad lief. Um einen Sturz zu vermeiden und das Tier zu schützen, lenkte Kaufmann den Hund sanft mit dem Vorderrad zur Seite. Aus diesem Beinah-Unfall entstand die Idee des Radballs. Immer mehr Menschen begeisterten sich für diese Sportart, was zur Einführung der Radball-Weltmeisterschaften im Jahr 1929 führte.

Unbekleidet im Gymnasium

Ursprünglich stammt das Wort Gymnasium vom griechischen „gymnos", was „nackt" bedeutet. Daher war ein Gymnasium im antiken Griechenland eine Schule für nacktes Training. Bei den alten Olympischen Spielen nahmen die Athleten nackt teil. Diese Tradition wurde ab den 95. Olympischen Spielen im Jahr 400 v. Chr. erweitert, sodass nicht nur die Athleten, sondern auch die Trainer nackt antreten mussten. Zum Glück hat sich seit den Olympischen Spielen vor über 2.000 Jahren einiges geändert.

Die geteilte Ehre

Während der Olympischen Spiele 1936 in Berlin landeten 2 japanische Stabhochspringer auf dem 2. Platz mit einem Gleichstand. Anstatt erneut gegeneinander anzutreten, teilten sie sich die Silber- und Bronzemedaille. Sie schnitten sie sogar in der Mitte durch und schmolzen jeweils die Hälften zusammen, sodass jeder eine halbe Silber- und eine halbe Bronzemedaille bekam. Ein origineller Schachzug, der heutzutage wohl kaum noch möglich wäre.

Der süße Golfball

Von 1917 bis zur Einführung von Festkernbällen in den 1970er Jahren experimentierten einige Ingenieure mit Flüssigkeiten im Kern der Bälle. Flüssige Substanzen sollten übermäßiges Rotieren reduzieren. Einige dieser Bälle waren mit echtem Honig gefüllt. Warum Honig? Nun, Honig verdirbt nie und bot alle erforderlichen physikalischen Eigenschaften. Heutzutage versteckt sich kein Honig mehr im Kern. Neben festen Gummikernen werden auch Mehrschichtkerne aus verschiedenen flexiblen Materialien verwendet.

Kuchen, Kinder, Kunststoffscheiben

Im Sommer fliegen oft Frisbees durch die Lüfte. Der Ursprung dieser Scheibe ist überraschenderweise eng mit einer Bäckerei verbunden. Vor 150 Jahren gründete William Russell Frisbie in Bridgeport, USA, eine Bäckerei, die runde Formen für ihre Backwaren verwendete. Als Kinder begannen, diese Formen als Spielzeug zu nutzen und sich gegenseitig zuzuwerfen, nahm die Sache ihren Lauf. Walter Morrison beobachtete das und entwickelte schließlich die ersten Kunststoffscheiben, die wir heute als Frisbees kennen.

Wenn das Rad zur Rakete wird

2018 erreichte die Amerikanerin Denise Mueller-Korenek einen spektakulären Weltrekord: Sie raste auf ihrem Rad mit atemberaubenden 296 km/h davon. Zum Vergleich: Ein ICE schafft durchschnittlich 150 km/h, ein Propellerflugzeug 200 km/h. Um diese Geschwindigkeit zu erreichen, wurde sie zunächst von einem speziellen Rennfahrzeug gezogen. Bei 160 km/h löste sich das Fahrzeug. Nun fuhr die Sportlerin allein mit Muskelkraft im Windschatten weiter zu ihrem Rekordtempo.

Auf ins Abenteuer

Anna Kopchovsky umrundete 1894 als erste Frau die Welt per Fahrrad. Sie startete mit der Weltreise aufgrund einer Wette. Bostoner Geschäftsleute behaupteten, dass es für Frauen unmöglich sei, die Welt mit dem Rad zu umfahren und dabei weniger als 10.000 Dollar auszugeben. Die junge Mutter nahm die Herausforderung an. Erstaunlicherweise hatte sie erst wenige Tage vor ihrem historischen Aufbruch das Radfahren erlernt. In einem Zeitraum von 15 Monaten legte sie die gesamte Strecke zurück und erhielt dafür eine Belohnung von 10.000 Dollar.

Besen, Bälle und Magie

Direkt aus den Seiten von „Harry Potter" entsprungen, erobert Muggle-Quidditch weltweit die Herzen der Fans. Dieser Sport kombiniert Elemente aus Rugby, Zweifelderball und Fangspielen, wobei die Spieler mit Besen zwischen den Beinen über das Spielfeld jagen. Seit 2005 erfreut sich Muggle-Quidditch großer Beliebtheit und hat sogar eigene Weltmeisterschaften.

Ein Team, das die Welt bewegt

Dick Hoyt und sein Sohn Rick, der vollständig gelähmt ist, bildeten das inspirierende „Team Hoyt". Sie nahmen an zahlreichen Sportveranstaltungen teil und hatten dabei den Spaß ihres Lebens. Gemeinsam absolvierten sie sogar 6 Iron Man-Events. Dick begann mit einem 4-Kilometer-Schwimmen und zog dabei seinen Sohn in einem Boot hinter sich her. Nach einer 180 Kilometer langen Radtour schob Dick seinen Sohn im Rollstuhl über die Marathon-Ziellinie. Durch ihre unermüdliche Power und bedingungslose Liebe zueinander haben Dick und Rick Hoyt Sportgeschichte geschrieben.

Von Null auf 401

Von 2015 bis 2016 nahm sich der Engländer Ben Smith etwas Außergewöhnliches vor: Er wollte an 401 aufeinanderfolgenden Tagen 401 Marathons laufen. Diese Aufgabe, bekannt als die „401 Challenge", hatte das Ziel, Geld für Mobbing-Opfer zu sammeln. Körperlich sowie mental geriet der Sportler an seine Grenzen – aber seine Motivation trieb ihn immer weiter an. Schließlich schaffte er es! Damit stellte er nicht nur einen Weltrekord auf, sondern legte fast 17.000 Kilometer zurück. Die Aktion des Sportlers sensibilisierte viele Menschen für das Thema Mobbing. Zudem kamen Spenden in Höhe von rund 380.000 Euro zusammen.

Star Wars im Fechtverein

Im Jahr 2019 hat der französische Fechtverband das Lichtschwertfechten als offizielle Wettkampfsportart eingeführt. Statt traditioneller Waffen wie Säbel oder Florett schwingen die Sportler nun Nachbildungen von Star Wars-Lichtschwertern. Mit dieser originellen Idee wollen sie junge Menschen für den Fechtsport begeistern und ihm einen frischen, abenteuerlichen Touch verleihen.

Viel Keks, viel Glück

Als der chinesische Basketballspieler Yao Ming im Jahr 2002 erstmals für sein neues Team in Houston auflief, wurde seine Ankunft mit einer besonderen Geste gefeiert: 8.000 Glückskekse wurden an die Fans verteilt. Ming war überrascht, da er zuvor noch nie einen Glückskeks gesehen hatte. Immerhin sind Glückskekse keine chinesische Tradition, sondern eine amerikanische Erfindung.

Das Geheimnis des Sumos

Im Sumo heißt es: Je schwerer, desto besser! Die Ringer wiegen im Schnitt zwischen 120 und 260 Kilogramm. Konishiki Yasokichi aus Hawaii hält mit 287 Kilogramm den Rekord als schwerster Sumo aller Zeiten. Um diese Masse zu halten, muss der Sportler täglich bis zu 20.000 Kilokalorien verputzen – das entspricht etwa 70 Burger! Die Strategie der Ringer? Stabil auf den Beinen bleiben! Deshalb haben sie ordentlich Masse an den Oberschenkeln und Hüften.

Polo mal anders

Elefanten, die über ein Spielfeld rennen, während Reiter mit langen Schlägern einen Ball ins Tor treiben – eine Szene, die man sich kaum vorstellen kann. Doch die Idee entstand 1981 in der Schweiz, als 2 gelangweilte Briten in St. Moritz zusammensaßen. Einer von ihnen schlug vor: „Hast du nicht ein paar Elefanten in Asien? Wie wäre es mit einer Runde Elefantenpolo?" Der andere war sofort begeistert: „Klingt fantastisch, lass uns das machen!" So wurde der Elefantenpolo-Verband gegründet. Seitdem nehmen verschiedene Teams an Meisterschaften teil. Jedes Team besteht normalerweise aus 4 Elefanten, die jeweils einen Elefantenführer und einen Jockey tragen.

Starke Männer, fliegende Baumstämme

In den wilden Highlands Schottlands geht es bei den „Highland Games" ordentlich zur Sache. Kräftige Männer in karierten Röcken werfen mit Steinen und schleudern Hammer durch die Luft. Doch das eigentliche Spektakel ist das Baumstammwerfen! Die Athleten hieven einen riesigen Stamm hoch, rennen los und katapultieren ihn so weit wie möglich. Aber hier zählt nicht die Weite: Der Baumstamm muss nach dem Aufprall möglichst gerade von ihnen weg zeigen. Die Highland Games sind eine jahrhundertealte Tradition in Schottland, die ihre Wurzeln in den keltischen Brauchtümern haben. Ursprünglich dienten sie dazu, die stärksten Männer des Clans zu finden und den besten Krieger zu krönen.

Kurioses aus aller Welt
- Ein bunter Blumenstrauss verblüffender Geschichten

Der tapfere Chirurg

Während einer Antarktis-Expedition im Jahr 1961 bekam der Chirurg Leonid Rogozov eine akute Blinddarmentzündung. Er erkannte die Dringlichkeit seiner Situation, da der nächste Arzt Tausende Kilometer entfernt war. Trotz der extremen Bedingungen und des Mangels an medizinischer Ausrüstung führte Rogozov die lebensrettende Operation an sich selbst durch. Das Team unterstützte Rogozov, indem sie ihm Instrumente reichten und mentale Unterstützung leisteten. Die Selbst-OP war erfolgreich, denn der Chirurg überstand den Eingriff und wurde wieder gesund. Extreme Situationen erfordern eben oft extreme Entscheidungen.

Die gefährlichsten Tiere der Welt

Unter den tödlichsten Tieren für den Menschen stehen Moskitos an erster Stelle, da sie Krankheiten wie Malaria, Dengue-Fieber und Zika übertragen. Jährlich sterben mehr als 700.000 Menschen an den Folgen von Moskitostichen. An zweiter Stelle stehen Menschen selbst, vor allem aufgrund von Konflikten und Kriegen. Auf Platz 3 folgen Schlangen, die jährlich Tausende von Menschen durch Giftbisse töten. Dann folgen Hunde, die Menschen durch Tollwutinfektionen gefährden. Auf Platz 5 stehen Schnecken, die parasitäre Krankheiten wie Schistosomiasis übertragen. Und wie sieht's mit Haien aus? Viele Menschen fürchten sich vor den Meeresbewohnern, allerdings töten Haie lediglich 10 Menschen im Jahr.

Wenn Mickey auf Minnie trifft

Die amerikanischen Synchronsprecher von Minnie und Mickey Maus, Russi Taylor und Wayne Allwine, waren verheiratet. Sie lernten sich am Set kennen und lieben. Russi Taylor übernahm von 1986 bis 2019 die offizielle Stimme von Minnie Maus, während Wayne Allwine von 1977 bis 2009 die Stimme von Mickey Maus war. Interessanterweise synchronisierte Walt Disney seine berühmten Mäuse von 1929 bis 1946 selbst, da ihm kein Synchronsprecher zusagte.

Deutschlands historische Schätze

Wer Burgen spannend findet, ist in Deutschland besonders gut aufgehoben. Beeindruckende Burganlagen stehen zum Beispiel im Thüringer Wald. Eine der bekanntesten Burgen ist die Wartburg bei Eisenach. Dort übersetzte der Reformator Martin Luther das Neue Testament erstmals in die deutsche Sprache. Um alle deutschen Burganlagen zu besuchen, sollte man jede Menge Zeit einplanen, denn es gibt sage und schreibe rund 25.000 davon! Dazu zählen nicht nur herausgeputzte Burgen, sondern auch Ruinen oder nur in historischen Quellen belegte Burgen, die noch kein Archäologe gefunden hat.

Die süßen Kätzchen

Im Gegensatz zu Menschen haben Katzen keine Interesse an süßem Essen. Seit 2005 weiß man, warum das so ist: Forscher entdeckten einen genetischen Defekt, der dafür verantwortlich ist. Bei den meisten Tieren besteht der Süßrezeptor aus 2 miteinander verbundenen Proteinen. Bei Katzen fehlen Teile eines Gens, das den Bauplan für eines dieser Proteine enthält. Dadurch funktioniert der Rezeptor für Süßes auf ihrer Zunge nicht. Dieser Defekt betrifft nicht nur Hauskatzen, sondern auch große Raubkatzen wie Tiger oder Geparden. Da stellt sich doch die Frage, wie es überhaupt zu dem Begriff „Naschkatze" kam.

Das Rätsel der blauen Menschen

Im Osten von Kentucky lebten im 19. Jahrhundert einige Menschen, die permanent einen bläulichen Hautton hatten – man nannte sie die „blauen Leute von Kentucky". Der Grund dafür war eine seltene Krankheit namens Methämoglobinämie, bei der das Blut eine erhöhte Konzentration von Methämoglobin aufweist. Bei den betroffenen Personen ist das arterielle Blut bräunlich statt rot. Das führt bei Menschen mit weißer Hautfarbe zu einem bläulichen Farbton.

Rasiermesser am Auge

In China existiert eine alte medizinische Praxis, bei der der Augapfel mit einem Messer „rasiert" wird. Was soll das bringen? Diese Methode soll Schmutz und mögliche Geschwüre entfernen sowie die Sicht verbessern. Früher wurde das Verfahren in Krankenhäusern angewendet, aber heute führen nur noch Barbiere solche Eingriffe durch. Das Rasiermesser wird zuerst sterilisiert, dann reinigt der Barbier das Innere der Augenlider mit einer wischenden Bewegung. Anschließend streicht er mit einem kugelförmigen Metallstäbchen über den Augapfel. Würden Sie sich einer solchen Behandlung unterziehen?

Der große Flug

Viele Naturfreunde nehmen an, dass die größte Säugetierwanderung die der 1,3 Millionen Gnus sei, die zwischen Kenia und Tansania umherziehen – aber das stimmt nicht. Tatsächlich fliegen jedes Jahr Millionen von Flughunden zwischen der Demokratischen Republik Kongo und dem Kasanka-Nationalpark in Sambia hin und her. Mehr als 10 Millionen dieser katzengroßen Tiere machen dies zur größten bekannten Säugetierwanderung der Welt. Wer die Möglichkeit hat, dieses Phänomen zu beobachten, wird den besonderen Anblick niemals vergessen.

Der Bär, der Soldat wurde

Während des Zweiten Weltkriegs lebte ein Braunbär namens Wojtek in der polnischen Armee. Das Tier half tatsächlich beim Transport schwerer Munition und trug dazu bei, die mentale Gesundheit der Soldaten zu stärken. Sein Name bedeutet auf Polnisch „kleiner Krieger" oder „Freund". Der zahme Bär wurde zu einem geliebten Mitglied seiner Einheit. Nach dem Krieg lebte Wojtek bis zu seinem Tod im Jahr 1963 in einem schottischen Zoo.

Das teuerste Bier der Welt

Im Jahr 2009 zahlte der Gewinner einer Auktion in Großbritannien rund 11.000 Euro, um eine Flasche Löwenbräu Lager aus dem Jahr 1937 zu ersteigern. Diese Flasche hat eine faszinierende Geschichte: Sie überlebte den Absturz des Zeppelins Hindenburg am 6. Mai 1937 in der Nähe von New York. Obwohl der Inhalt des Biers wohl nicht mehr genießbar ist, symbolisiert die Flasche ein bedeutendes Ereignis der Luftfahrtgeschichte.

Fahrradfahren im XXL-Format

2016 baute die University of South Australia ein rekordverdächtiges Fahrrad, das gigantische 41,42 Meter lang war. Dieses Tandem bietet Platz für mehr als 30 Personen. Kurz zuvor hatte ein Team aus den Niederlanden einen Weltrekord mit einem Fahrrad von 35,79 Metern Länge aufgestellt. Allerdings konnte das niederländische Team nur vorübergehend einen Platz im Guinness-Buch der Rekorde ergattern.

Vogelsprache statt E-Mail

In dem türkischen Dorf Kuşköy wird eine einzigartige Pfeifsprache namens „Vogelsprache" praktiziert. Trotz des Namens dient diese Sprache nicht dazu, mit Vögeln zu sprechen. Sie hilft vielmehr den Bewohnern, die in den steilen Gebirgen verteilt leben, sich untereinander zu verständigen. Die Pfeifnachrichten können genauso komplex sein wie gesprochene Sätze. Die hohen Töne ermöglichen es den Menschen, auch über große Entfernungen hinweg zu kommunizieren. Dieser jahrhundertealte Brauch wurde 2017 in die UNESCO-Liste des immateriellen Kulturerbes aufgenommen.

Wenn Schweine Kaiser werden

In Frankreich ist es gesetzlich verboten, Schweine Napoleon zu nennen. Diese besondere Regelung stammt aus dem Jahr 1800. In dieser Zeit herrschte Napoleon Bonaparte. Damals benannten einige Tierhalter ihre Schweine nach dem französischen Kaiser, was als Beleidigung des Kaisers angesehen wurde. Um die Würde des Kaisers zu bewahren, wurde dieses Gesetz erlassen – und es gilt bis heute.

Das Hotel aus Eis

Ein Winterwunder erwartet Besucher jedes Jahr im schwedischen Jukkasjärvi. Hier entsteht das Icehotel, komplett aus Eis und Schnee errichtet. Es beeindruckt mit geschnitzten Suiten, einer Eisbar und sogar einer Eiskirche. Jeden Frühling schmilzt das Bauwerk, nur um im Winter wieder in voller Pracht aufzuerstehen.

Die Kunst der Totenfotografie

Im 19. Jahrhundert war das Fotografieren von Toten etwas völlig Normales. Aufgrund der hohen Sterblichkeitsrate in dieser Zeit war dies eine Möglichkeit, Erinnerungen an Verstorbene zu bewahren. Die Toten wurden nicht nur liegend fotografiert, sondern auch sitzend und sogar stehend. Bei aufrechten Positionen half eine Halterung dabei, die Verstorbenen zu platzieren. Deshalb sah es auf Fotos oft so aus, als würden die Toten noch leben. Diese Post-mortem-Fotografie ging ab den 1940er zurück und verschwand in den darauffolgenden Jahren beinahe völlig. Schließlich wurde diese Praxis aus Seuchenschutzgründen verboten.

Islands digitales Liebesleben

In Island gibt es die „ÍslendingaApp" (Isländer-App), die Nutzer davor warnt, in romantische Beziehungen mit möglichen Verwandten zu geraten. Bei der geringen Bevölkerung und den zahlreichen familiären Verbindungen in Island scheint das ein kluger Schachzug zu sein. Auf einer Insel mit rund 330.000 Einwohnern ist der Genpool begrenzt, da kann es schnell zu Verwandtschaftsüberschneidungen kommen. Die App soll helfen, solche unangenehmen Überraschungen zu vermeiden.

Die flauschige Invasion

In Japan existiert eine Insel namens Ōkunoshima, besser bekannt als Kanincheninsel. Hier tummeln sich Hunderte von wilden Kaninchen und freuen sich über Futter von neugierigen Besuchern. Die Geschichte dieser flauschigen Bewohner reicht bis in die Zeit des Zweiten Weltkriegs zurück, als sie für medizinische Experimente gezüchtet wurden. Heute sind sie die Hauptattraktion der Insel und verbreiten Freude bei allen, die sie besuchen.

Schlacht der Worte

Der längste bekannte Satz in einem Buch stammt aus Victor Hugos „Les Misérables". Der Satz umfasst ganze 823 Wörter und beschreibt die Schlacht von Waterloo. Dieser Abschnitt zeichnet sich durch seine epische Detailgenauigkeit aus und fesselt die Leser mit einer Fülle von Informationen. Hugo nutzte diesen Satz, um die Spannung und Intensität der Schlacht zu vermitteln, indem er jede Bewegung, jedes Detail und jede Emotion der beteiligten Personen beschrieb.

Atemlos in Barcelona

Aleix Segura Vendrell aus Spanien hält den Weltrekord für die längste Zeit unter Wasser ohne Atemgerät. Er hielt seinen Atem 24 Minuten und 3 Sekunden unter kontrollierten Bedingungen an. Diesen Rekord erreichte er am 28. Februar 2016 in Barcelona, unterstützt von einem Team erfahrener Tauchexperten und medizinischer Fachkräfte. Vor seinem Versuch trainierte Segura Vendrell spezielle Atemtechniken. Während des Vorbereitungstauchgangs lag er völlig ruhig im Schwimmbecken und hielt seinen Atem an, ohne sich zu bewegen – eine Technik namens „Static Apnea".

Die größte Pizza der Welt

Es dauerte ganze 2 Tage, um die größte Pizza der Welt herzustellen. Mit einer Fläche von knapp 1.300 Quadratmetern besteht sie aus mehr als 6.000 Kilogramm Teig und ist großzügig belegt mit 2.200 Kilogramm Tomatensauce, 4.400 Kilogramm Käse und 630 Stück Salami. Die Pizza entstand aus einer Zusammenarbeit zwischen der Fast-Food-Kette Pizza Hut und dem YouTuber Airrack. Pizza Hut initiierte den Rekord, um das Comeback ihrer beliebten Pizza „The Big New Yorker" zu feiern. Gleichzeitig sollte dies Airracks Erreichen der 10-Millionen-Follower-Marke unterstützen.

Die fleißige Marie

Marie Curie, die polnisch-französische Physikerin und Chemikerin, war die erste Frau, die den Nobelpreis gewann. Sie ist auch die einzige Person, die diesen Preis in 2 verschiedenen wissenschaftlichen Disziplinen, nämlich Physik und Chemie, erhalten hat. Im Jahr 1903 bekam sie gemeinsam mit ihrem Ehemann Pierre Curie und Henri Becquerel den Physik-Nobelpreis für ihre Pionierarbeit auf dem Gebiet der Radioaktivität. Später, im Jahr 1911, wurde sie mit dem Chemie-Nobelpreis für ihre Entdeckung der Elemente Radium und Polonium ausgezeichnet. Ihre Errungenschaften haben nicht nur die Wissenschaft maßgeblich geprägt, sondern auch die Rolle von Frauen in der Forschung.

Die Frau hinter dem Swoosh

Das Nike-Logo, das heute zu den bekanntesten Markenzeichen der Welt gehört, wurde 1971 von der amerikanischen Grafikstudentin Carolyn Davidson entworfen – und das für gerade einmal 35 Dollar! Viele Jahre später bedankte sich das Unternehmen bei der Designerin, indem es ihr einen diamantbesetzten Goldring in Swoosh-Form und mehrere Aktien im Gesamtwert von über 600.000 US-Dollar schenkte. Das Logo bekam den Namen „Swoosh", weil die geschwungene Linie an das Geräusch erinnert, das entsteht, wenn etwas schnell durch die Luft saust. Es soll das Gefühl von Geschwindigkeit und Bewegung vermitteln, was perfekt zur Sportmarke Nike passt.

Die Stadt ohne Türen

Vertrauen statt Türen: In der Stadt Shani Shingnapur in Indien gibt es keine Türen an den Häusern. Die Bewohner vertrauen fest darauf, dass der Hindu-Gott Shani sie vor Diebstahl schützt. Sogar Banken und Geschäfte folgen diesem Brauch und verzichten auf Türen. Spannenderweise liegt Shani Shingnapur in der Region Maharashtra, die für eine der höchsten Kriminalitätsraten in Indien bekannt ist. Trotz dieser Tatsache bleibt die Stadt selbst nahezu frei von Verbrechen.

Sprichwörter unter der Lupe – Auf der Jagd nach ihrer Herkunft

Hier sieht es aus wie Kraut und Rüben

Dieses Sprichwort wird verwendet, wenn Unordnung herrscht oder etwas durcheinandergeraten ist. Wenn es „wie Kraut und Rüben" aussieht, hat wahrscheinlich jemand Chaos verursacht. Die Redewendung kommt aus dem 17. Jahrhundert, als Bauern Kraut und Rüben auf demselben Feld anbauten. Das war praktisch, wirkte aber wie ein großes Durcheinander.

Ich verstehe nur Bahnhof

Wenn jemand „nur Bahnhof versteht", bedeutet das, dass er entweder nicht richtig zuhört oder nicht versteht, was gemeint ist. Diese Redewendung stammt aus der Kriegszeit, als Soldaten lange Zeit von ihren Familien getrennt waren und sich sehnlichst wünschten, nach Hause zu kommen. Abends, wenn die Soldaten zusammensaßen und redeten, dachten manche nur an Zuhause und „verstanden nur Bahnhof".

Auf der Leitung stehen

Wenn jemand „auf der Leitung steht", dann begreift derjenige einen Sachverhalt nur schwer oder gar nicht. Diese Redewendung stammt aus einer Zeit, als die Telefonie noch in den Kinderschuhen steckte. In den Anfangszeiten war die Qualität der Verbindungen oft schlecht, besonders bei großen Entfernungen. Oft brach während eines Telefonats die Verbindung ab oder der Gesprächspartner war schwer zu verstehen. Die Menschen dachten fälschlicherweise, dass jemand auf der Telefonleitung stand und das Signal beeinträchtigte.

Etwas auf die lange Bank schieben

Wer etwas auf die lange Bank schiebt, hat wenig Antrieb, etwas sofort zu erledigen. Früher zogen sich Gerichtsprozesse häufig über lange Zeit hin. Mit der Zeit häuften sich immer mehr Akten an. Da es damals keine Regale oder Schränke gab, wurden alle Dokumente in langen Truhen aufbewahrt. Diese Truhen sahen so ähnlich wie Bänke aus und wurden möglicherweise auch als solche genutzt. Wenn die Truhen voll waren, stapelte man weitere Akten auf den Deckeln. Ein Zeichen dafür, dass ein Prozess sich unendlich hinzieht, war das Verschieben der Akten bis ans Ende der langen Truhen.

Sich vom Acker machen

„Sich vom Acker machen" bedeutet, sich unauffällig zu entfernen oder davonzustehlen. Ursprünglich stammt diese Redewendung aus dem Soldatenjargon, wo das Übungsgelände oft als Acker bezeichnet wurde. Wer sich „vom Acker machte", vermied Pflichten oder Aufgaben und drückte sich so vor Verantwortung oder Arbeit.

Frosch im Hals

Der „Frosch im Hals" kommt immer dann, wenn man plötzlich eine trockene Kehle hat und nur ein leises Krächzen herauskommt. Es fühlt sich an wie ein Geschwulst im Hals, ähnlich wie bei einer Erkältung oder beim Verschlucken. Der medizinische Begriff dafür ist „Ranula". Da das lateinische Wort für Frosch „rana" ist und sich ähnlich anhört wie „Ranula", entstand dieses Wortspiel.

Aus dem Schneider sein

Die Redewendung wird verwendet, wenn jemand einer unangenehmen Situation entkommen konnte und Glück hatte. Ursprünglich stammt diese Redewendung aus dem Skatspiel. Früher war der Beruf des Schneiders nicht sehr angesehen. Er wurde oft Menschen zugeschrieben, die für andere Berufe ungeeignet waren. Im Skatspiel bedeutet „Schneider sein", dass man weniger Punkte als erforderlich hat. Wer es schaffte, genügend Punkte zu sammeln, war „aus dem Schneider".

Etwas durch die Blume sagen

Wer eine Nachricht indirekt oder vorsichtig übermittelt, sagt etwas „durch die Blume". Diese Redensart kommt aus dem Barock, als es unhöflich war, sich offen der Dame seines Herzens zu nähern. Damals gab es spezielle Sofas mit 2 Sitzflächen (Rücken an Rücken). Um sich diskret zu unterhalten, tuschelten die Paare hinter dem Fächer. Oft waren auf der Rückenlehne dieser Sofas Blumengestecke platziert. Daher sprachen die Menschen „durch die Blume", um ihre Botschaften unauffällig zu übermitteln, ohne Anstoß zu erregen.

Das macht den Kohl auch nicht fett

Dieses Sprichwort stammt aus Zeiten, in denen die Lebensmittel knapp waren. Viele Menschen konnten sich damals oft nur Kohl leisten. Selbst wenn sie nachsalzten, blieb es eine einfache Mahlzeit. Die Redewendung wird demnach verwendet, um auszudrücken, dass eine bestimmte Handlung keine wesentliche Änderung bewirkt.

Sich zum Affen machen

Das Sprichwort beschreibt jemanden, der sich lächerlich macht oder unterwürfig handelt. Die Herkunft dieser Redewendung liegt auf Jahrmärkten, wo Gaukler früher mit Tieren wie Affen auftraten. Diese Affen wurden dressiert, um Kunststücke vorzuführen. Außerdem brachten die Gaukler die Affen dazu, menschliches Verhalten nachzuahmen und wurden dadurch zum Objekt der Belustigung.

Den Faden verlieren

Die Redewendung bedeutet, dass man in einer Erzählung oder in einer Situation nicht mehr weiß, wie es weitergeht. Die Herkunft dieses Sprichwortes stammt vermutlich aus der griechischen Mythologie. Gemäß der Legende erhielt Theseus von Ariadne einen Faden, um aus dem Labyrinth des Daidalos zu entkommen, nachdem er den Minotaurus besiegt hatte. Der Faden half ihm, den Weg hinauszufinden. Hätte Theseus den Faden verloren, hätte er sich im Labyrinth verirrt und wäre nicht mehr weitergekommen. So symbolisiert diese Redensart das Verlieren des Weges oder des roten Fadens einer Geschichte.

Jetzt haben wir die Bescherung

So eine Aussage ist meist ein negativer Kommentar zu einer unangenehmen Überraschung, vergleichbar mit „Jetzt haben wir den Salat". Die Redewendung bezieht sich auf die Geschenke, die unter dem Weihnachtsbaum liegen. Ursprünglich stand die Bescherung für eine positive Überraschung. Wenn etwas schiefläuft und wir eine negative Überraschung erleben, wird die positive Bedeutung der Bescherung ironisch umgekehrt.

Alles in Butter

Die Redensart umschreibt, dass alles in bester Ordnung ist. Früher wurden wertvolle Güter wie Porzellan in Kisten mit flüssiger Butter verpackt. Wenn die Butter dann erstarrte, bildete sie eine schützende Schicht um die Gegenstände. So konnte man sicher sein, dass alles gut verpackt ist und unbeschädigt ankommt.

Ein Brett vor dem Kopf haben

„Ein Brett vor dem Kopf haben" bedeutet, dass jemand etwas Offensichtliches nicht versteht. Diese Redewendung stammt aus der Zeit, als Bauern Schwierigkeiten mit ihren eigensinnigen Ochsen hatten. Um sie zu kontrollieren, befestigten sie Bretter vor ihren Köpfen. Dadurch wurde die Sicht eingeschränkt, die Ochsen wurden weniger schreckhaft und der Bauer konnte besser mit ihnen umgehen.

Ins Fettnäpfchen treten

Der Ursprung dieses Sprichwortes ist in Bauernstuben zu finden, wo früher oft ein Fettnapf zwischen Tür und Ofen stand. Dieser Napf wurde verwendet, um nasse Stiefel einzufetten. Es war also unangenehm und peinlich, aus Versehen in dieses Fettnäpfchen zu treten. So wurde die Redewendung geboren, um Situationen zu beschreiben, in denen man sich ungewollt blamiert.

Ein Auge auf jemanden/etwas werfen

Die Redewendung stammt aus einem Anhang zum biblischen Buch Daniel. Dort heißt es: „Und als die beiden Ältesten sie täglich darin umhergehen sahen, entbrannten sie in Begierde nach ihr und wurden darüber zu Narren und warfen die Augen so sehr auf sie, dass sie nicht mehr zum Himmel aufsehen konnten und nicht mehr an gerechte Urteile dachten." Demnach wirft eine Person ein Auge auf jemanden oder etwas, wenn großes Interesse besteht – ähnlich wie die beiden Ältesten, die sich von der Frau angezogen fühlten und ihre Augen nicht von ihr lassen konnten.

Etwas abkupfern

Diese Worte bedeuten, etwas nachzuahmen oder zu kopieren. Die Herkunft liegt in der Technik des Kupferstichs, die in der frühen Neuzeit verwendet wurde, um Bilder zu vervielfältigen. Beim Kupferstich wurde ein Bild in eine Kupferplatte graviert, um es dann immer wieder reproduzieren zu können. Wer also Ideen oder Werke anderer kopierte, übernahm sie gewissermaßen wie bei einem Kupferstich.

Sich etwas aus dem Ärmel schütteln

Das Sprichwort könnte aus dem Bereich des Kartenspiels stammen, wo Spieler bei einem schlechten Blatt heimlich gute Karten im Ärmel versteckten und dann ins Spiel brachten. Eine alternative Erklärung besagt, dass in vergangenen Zeiten, als Gewänder weite Ärmel hatten, Menschen kleine Gegenstände darin versteckten. Wenn sie diese dann benötigten, konnten sie sie einfach aus dem Ärmel schütteln. So beschreibt die Redewendung das plötzliche Erscheinen von etwas, das zuvor verborgen war, sei es eine Idee oder eine Lösung.

Von Tuten und Blasen keine Ahnung haben

Diese witzige Redewendung hat ihren Ursprung im Mittelalter und der Frühen Neuzeit, als die Arbeit eines Nachtwächters oft als anspruchslos galt. Seine Hauptaufgabe bestand darin, zu bestimmten Zeiten in ein Horn zu blasen. Diese Aufgabe wurde als einfach betrachtet und schlecht bezahlt. Deshalb beschreibt dieses Sprichwort jemanden, der von einem Thema überhaupt keine Ahnung hat.

Auf keinen grünen Zweig kommen

Im Mittelalter bekam jemand, der Land erworben hatte, einen grünen Zweig. Dieser Zweig wurde in einen Klumpen Erde des Grundstücks gepflanzt. Wer es also nicht schaffte, einen grünen Zweig zu bekommen, hatte keinen eigenen Grund und Boden. Das spiegelt sich in der Redewendung wider, die Misserfolg oder mangelndes Einvernehmen beschreibt.

Einen Fehler ausmerzen

„Einen Fehler ausmerzen" bedeutet, einen Fehler zu korrigieren und Schäden zu beheben. Die Redewendung kommt aus der Zeit, als im März Schafe ausgesondert wurden, die nicht für die weitere Zucht geeignet waren. Indem der Schäfer die untauglichen Schafe aussortierte, korrigierte er sozusagen den Fehler und verbesserte die Qualität der Herde.

Einen Zahn zulegen

Die Herkunft dieser Redewendung ist umstritten. Einige führen sie auf die Funktionsweise mechanischer Getriebe in der Frühzeit des Automobils zurück. Andere sehen den Ursprung in den Küchen des Mittelalters, wo große Kochkessel über offenen Feuerstellen an einer Zahnstange aufgehängt wurden. Um die Temperatur im Topf zu erhöhen, hängte man diesen einen Zahn tiefer – es wurde demnach „ein Zahn zugelegt". Heute bedeuten diese Worte, dass man schneller fahren oder sich schneller bewegen soll.

Mit harten Bandagen kämpfen

Früher, bevor Boxhandschuhe zur Norm wurden, banden sich Boxer ihre Fäuste mit harten Bandagen ein. Diese dienten nicht nur dem Schutz, sondern machten die Schläge auch umso härter. Wer also „mit harten Bandagen kämpft", geht unerbittlich und ohne Rücksicht auf Verluste vor.

Kein Blatt vor den Mund nehmen

Die Ursprünge der Redewendung liegen im Theater, wo Schauspieler in der Antike manchmal ein Feigenblatt vor ihrem Gesicht trugen. Damit wollten sie ihre Identität verbergen und sich frei ausdrücken, ohne Konsequenzen befürchten zu müssen. Heutzutage bedeutet es einfach, ohne Zurückhaltung zu sprechen und seine Gedanken unverblümt mitzuteilen.

Mit allen Wassern gewaschen sein

Die Wurzeln sind vermutlich in der Seemannssprache zu finden. Ein Seefahrer, der auf allen Weltmeeren gesegelt ist, musste über eine Menge Mut und Erfahrung verfügen. Ähnlich ist es mit jemandem, der in vielfältigen Situationen bereits sein Geschick unter Beweis gestellt hat. Wenn jemand sagt, er sei mit allen Wassern gewaschen, bedeutet das, er kann sich in jeder Situation behaupten und schreckt vor keiner Herausforderung zurück.

Etwas auf Vordermann bringen

Das Sprichwort hat seinen Ursprung im Militär, wo Soldaten sich beim Antreten und Ausrichten in Reih und Glied nach dem Vordermann ausrichten mussten. War die Formation schief oder unordentlich, wurde sie „auf Vordermann gebracht", sprich: korrigiert und in eine perfekte Ausrichtung gebracht. Heutzutage wird der Ausdruck verwendet, um etwas in Ordnung zu bringen. Besonders oft hört man ihn im Zusammenhang mit der Renovierung alter Häuser – alles muss auf den neuesten Stand gebracht und verbessert werden.

Jemandem nicht das Wasser reichen können

Im 16. Jahrhundert, als man noch mit den Fingern aß, reichten Diener den Gästen nach dem Essen Wasser zum Händewaschen. Wer nicht einmal diese Aufgabe übernehmen durfte, befand sich gesellschaftlich weit unter seinem Gegenüber. Der Ausdruck ist also eine Metapher dafür, dass jemand hinterherhinkt und nicht annähernd mithalten kann.

Da wird der Hund in der Pfanne verrückt

Wenn jemand „Da wird der Hund in der Pfanne verrückt!" ruft, drückt er große Verblüffung aus. Die Redewendung stammt aus einer alten Geschichte über Till Eulenspiegel: Einmal arbeitete er für einen Bierbrauer, der einen Hund namens Hopf besaß. Als der Braumeister Eulenspiegel befahl, Bier zu brauen und dabei den Hopfen sorgfältig zu sieden, warf Eulenspiegel tatsächlich den Hund in die Braupfanne. Natürlich meinte der Braumeister mit Hopfen nicht den Hund, sondern die Pflanzenart. Nach dieser Aktion wurde Eulenspiegel wütend vom Hof des Bierbrauers gejagt.

Die Katze aus dem Sack lassen

Das Sprichwort ist höchstwahrscheinlich mit der Redewendung „Die Katze im Sack kaufen" verbunden. Im Mittelalter verkauften Händler auf Jahrmärkten Ferkel und Kaninchen. Manchmal versteckten betrügerische Händler statt der versprochenen Ware eine Katze im Sack. Wer ihnen blind vertraute, kaufte sozusagen „die Katze im Sack". Wenn jedoch „die Katze aus dem Sack gelassen wird", ist der Betrüger entlarvt und das Geheimnis gelüftet. Kurz gesagt geht es darum, ein Geheimnis preiszugeben oder eine verborgene Wahrheit ans Licht zu bringen.

Das geht auf keine Kuhhaut

Im Mittelalter glaubten viele Menschen, dass der Teufel alle Sünden aufzeichnete, um dann am Sterbebett zu entscheiden, ob jemand in den Himmel oder in die Hölle kommt. Für diese Liste soll der Teufel Pergament benutzt haben, das aus den Häuten von Ziegen, Schafen oder Kälbern hergestellt wurde. Wenn also jemand besonders viele Sünden begangen hatte, reichte ein kleines Tierfell nicht aus – und im schlimmsten Fall nicht einmal eine Kuhhaut. Heute hört man den Ausdruck oft, wenn etwas so ungewöhnlich oder unerklärlich ist, dass es selbst die größten Standards oder Erwartungen übertrifft.

Es fiel ihm wie Schuppen von den Augen

Die Redensart beschreibt, wie jemand plötzlich einen Zusammenhang oder eine Erkenntnis hat, die ihm zuvor verborgen war. Der Ausdruck entstand aus der Vorstellung, Schuppen seien die Ursache für die Augenkrankheit „Star". Man glaubte damals, diese Schuppen durchstechen zu müssen, damit der Betroffene wieder sehen könne. Aua.

Aller Anfang ist schwer

„Aller Anfang ist schwer" unterstreicht, dass neue Unternehmungen oder Projekte oft mit Hindernissen und Schwierigkeiten beginnen. Die Redewendung lässt sich vermutlich auf das mittelalterliche Handwerk zurückführen, wo die ersten Schritte beim Erlernen eines neuen Handwerks besonders mühsam und schwierig waren. Es ist, als würde man sich durch dichten Nebel vorarbeiten, bevor man das klare Licht des Erfolgs erblickt.

Wer anderen eine Grube gräbt, fällt selbst hinein

Hierbei handelt es sich um eine uralte Weisheit, die aus dem Buch der Sprüche der Bibel stammt (Kapitel 26, Vers 27): „Wer eine Grube gräbt, fällt hinein; und wer einen Stein wälzt, auf den rollt er zurück." Sie warnt davor, anderen Unheil zuzufügen, da dies letztendlich auch einem selbst schaden kann. Kurz gesagt: Jemand, der anderen Schaden zufügen möchte, erleidet am Ende oft selbst die Konsequenzen seiner Handlungen.

Die Flinte ins Korn werfen

Dieses Sprichwort bedeutet, aufzugeben oder zu resignieren. Der Ursprung stammt aus dem Militärwesen des 17. und 18. Jahrhunderts. Wenn keine Hoffnung mehr auf Sieg bestand, warfen Soldaten ihre Waffen, insbesondere die Flinten, ins Kornfeld. Dies war ein symbolischer Akt der Kapitulation, der signalisierte, dass sie den Kampf aufgeben und sich dem Feind ergeben wollten.

Hals- und Beinbruch

Sagt jemand „Hals- und Beinbruch!" zu Ihnen, dann wünscht derjenige tatsächlich viel Glück! Dieses ungewöhnliche Sprichwort klingt zunächst nach Unglück, doch seine Wurzeln liegen in einem jüdisch-deutschen Segensspruch „Hatzlacha un Brocha", was „Erfolg und Segen" bedeutet. Im Laufe der Zeit wurde daraus „Hals- und Beinbruch", da sich dies so ähnlich wie der Original-Segenswunsch anhört.

Jetzt geht's los - Inspirierende Ideen für das erste Jahr in Rente

Herzlichen Glückwunsch, Sie haben es geschafft! Das Arbeitsleben liegt hinter Ihnen und jetzt beginnt ein neues Kapitel voller Freiheit und spannender Erlebnisse. Doch wie gestalten Sie Ihre Rente aufregend und erfüllend? Keine Sorge, dieses Kapitel bietet Ihnen jede Menge witzige und spannende Ideen, um Ihre Zeit im Ruhestand in vollen Zügen zu genießen. Von abenteuerlichen Reisen bis hin zu kreativen Hobbys – lassen Sie sich von diesen Vorschlägen inspirieren und machen Sie Ihre goldenen Jahre zu einer unvergesslichen Zeit!

Eine Zeitkapsel für die Zukunft vergraben

Hinterlassen Sie Ihre Spuren für kommende Generationen, indem Sie eine Zeitkapsel vergraben. Sammeln Sie persönliche Gegenstände, Fotos, Briefe und andere Erinnerungsstücke, die Ihr Leben und Ihre Zeit widerspiegeln. Verschließen Sie die Dinge in einer stabilen Box, die nicht verrotten kann. Begraben Sie die Zeitkapsel an einen besonderen Ort und hinterlassen Sie eine Botschaft für die Zukunft. Stellen Sie sich vor, wie es sein wird, wenn Ihre Nachfahren den Schatz 100 Jahre später entdecken!

Freude schenken, ohne entdeckt zu werden

Verbreiten Sie Freude, indem Sie Freunde, Familie oder sogar Fremde beschenken, ohne Ihre Identität preiszugeben. Schicken Sie anonyme Geschenkpakete mit handgeschriebenen Notizen und ermutigenden Botschaften. Oder: Hinterlassen Sie kleine Überraschungen an öffentlichen Orten für zufällige Passanten. Das Gefühl, anderen eine Freude zu machen, ohne dafür Anerkennung zu erhalten, kann unglaublich schön sein. Vielleicht macht das die Welt um Sie herum zu einem liebevolleren und freundlicheren Ort.

Ein Tag im Kindergarten

Erinnern Sie sich noch an die unbeschwerten Tage Ihrer Kindheit? Wie wäre es, wenn Sie einen Tag lang zurückkehren und die Welt mit den Augen eines Kindes sehen würden? Besuchen Sie einen örtlichen Kindergarten oder organisieren Sie mit den Knirpsen einen Spieltag im Park – und lassen Sie sich von der Einfachheit und Freude des Seins inspirieren.

Einen Tag lang Kind sein

Wieder Kind sein, einfach so spielen, ohne Ziel, einfach nur, weil es Spaß macht – auf los geht's los! Was hat Ihnen in der Kindheit besonders viel Freude gemacht? Bei welchen Dingen haben Sie die Zeit vergessen? Hier ein paar Ideen: Besuchen Sie einen Freizeitpark, bauen Sie eine Kissenburg im Wohnzimmer oder veranstalten Sie ein Wasserpistolenduell im Garten. Lassen Sie die Sorgen des Erwachsenenlebens hinter sich und tun Sie das, was Ihr Herz zum Hüpfen bringt.

Spontane Tanzpartys organisieren

Warum in einen Club gehen, wenn Sie Ihre eigenen Tanzpartys direkt im Wohnzimmer veranstalten können? Legen Sie Ihre Lieblingsmusik auf, ziehen Sie die Tanzschuhe an und lassen Sie die Musik Ihr Herz höherschlagen. Ob allein, mit Ihrem Partner oder sogar mit den Nachbarn – Tanzen bringt nicht nur Freude, sondern ist auch eine großartige Möglichkeit, aktiv zu bleiben und Stress abzubauen.

Ungewöhnliche Kochexperimente wagen

Verlassen Sie Ihre Komfortzone und begeben Sie sich auf eine kulinarische Entdeckungsreise! Probieren Sie neue Kombinationen aus, experimentieren Sie mit exotischen Gewürzen und kochen Sie Gerichte, die Sie noch nie zuvor probiert haben. Ob Sie dabei erfolgreich sind oder nicht, ist Nebensache – der Spaß ist das Wichtigste. Laden Sie Freunde ein, um Ihre neuesten Kreationen zu kosten.

Eine verrückte Verkleidungsparty veranstalten

Vielleicht haben Sie jahrelang Berufskleidung getragen. Jetzt ist es an der Zeit, sich richtig auszutoben! Organisieren Sie eine Verkleidungsparty für Ihre Freunde und Familie. Wählen Sie ein wildes Thema aus – von Superhelden bis zu historischen Persönlichkeiten ist alles erlaubt. Und vergessen Sie nicht, die passende Musik aufzulegen und lustige Erinnerungsfotos zu schießen. So wird Ihre Party zu einem unvergesslichen Event, das noch lange Gesprächsstoff bieten wird.

Ein ungewöhnliches Hobby ausprobieren

Entdecken Sie etwas vollkommen Neues! Ob Vogelbeobachtung, Jonglieren oder das Erlernen einer exotischen Sprache – die Möglichkeiten sind endlos. Folgen Sie Ihrem Interesse und Ihrem Bauchgefühl. Wie kann man herausfinden, welches Hobby am besten passt? Schauen Sie sich doch mal in Online-Foren um, besuchen Sie lokale Veranstaltungen oder nehmen Sie an speziellen Kursen teil. Dort finden Sie oft Inspiration und können erste Schritte unternehmen. Seien Sie offen für neue Erfahrungen – wer weiß, welche Leidenschaften Sie finden!

Ein eigenes Kunstwerk im öffentlichen Raum hinterlassen

Werden Sie zum Straßenkünstler und hinterlassen Sie ein kleines Kunstwerk an einem öffentlichen Ort. Nutzen Sie zum Beispiel Kreide, um die Straßen, Plätze oder Wände Ihrer Stadt mit Farbe und Kreativität zu beleben. Teilen Sie Ihre Botschaften, Gedanken oder einfach nur Ihre Liebe zur Kunst mit anderen. Auch kreative Aufkleber mit motivierenden Sprüchen können Ihnen und anderen Menschen ein Lächeln ins Gesicht zaubern. Es sollte jedoch immer leicht entfernt werden können, um Probleme mit Ordnungshütern zu vermeiden.

Eine besondere Reise unternehmen

Planen Sie eine Reise zu einem Ort, den Sie schon immer besuchen wollten, aber der ein wenig abseits der ausgetretenen Pfade liegt. Vielleicht ist es eine kleine Insel, die nur per Boot erreichbar ist oder ein entlegenes Bergdorf. Oder planen Sie eine spontane Reise ohne Ziel: Packen Sie Ihren Koffer, steigen Sie ins Auto und fahren Sie einfach los, ohne ein bestimmtes Ziel vor Augen zu haben. Lassen Sie sich von Ihrem Instinkt leiten und entdecken Sie neue Orte, Menschen und Abenteuer auf Ihrer Reise. Oder wie wäre es, einfach einen Dartpfeil auf eine Landkarte zu werfen? Der Trip führt dann genau zu dem Ort, der vom Pfeil getroffen wurde.

Ein Mini-Roadtrip mit einem Wohnmobil machen

Mieten Sie ein Wohnmobil und begeben Sie sich auf einen spontanen Roadtrip ohne festes Ziel. Fahren Sie einfach drauf los, erkunden Sie abgelegene Straßen und halten Sie an, wo es Ihnen gefällt. Schlafen Sie unter dem Sternenhimmel, kochen Sie am Lagerfeuer und genießen Sie die Freiheit des Unterwegs-Seins.

Eine eigene Geschichte schreiben und veröffentlichen

Nutzen Sie Ihre kreative Ader, um ein eigenes Märchen oder eine fantastische Geschichte zu verfassen. Tauchen Sie ein in eine Welt voller Magie, Abenteuer und ungewöhnlicher Charaktere. Teilen Sie Ihre Geschichte mit anderen, indem Sie sie selbst veröffentlichen oder an einem Schreibwettbewerb teilnehmen. Wer weiß, vielleicht wird Ihre Geschichte zum neuen Lieblingsbuch vieler Leser!

Eine außergewöhnliche Sammlung beginnen (oder beenden)

Starten Sie eine Sammlung von etwas Ungewöhnlichem oder Exotischem, das Ihr Interesse weckt. Ob es sich um Briefmarken aus fernen Ländern, antike Spielzeuge oder außergewöhnliche Souvenirs handelt – sammeln Sie Dinge, die Ihre Neugierde wecken und Ihnen Freude bereiten. Oft hat man bereits etwas jahrelang gesammelt, das nun verstaubt ist oder keinen Spaß mehr macht. Dann: Weg damit! Verschenken, verkaufen oder entsorgen – ausmisten kann sehr befreiend sein.

Ein verrücktes DIY-Projekt starten

Nehmen Sie sich ein verrücktes DIY-Projekt vor, das Ihre handwerklichen Fähigkeiten herausfordert und gleichzeitig für eine Menge Spaß sorgt. Ob es sich um den Bau einer Geheimtür, den Bau eines Baumhauses im Garten oder die Gestaltung eines eigenen Miniatur-Vergnügungsparks handelt – lassen Sie Ihrer Kreativität freien Lauf und sehen Sie, was Sie erschaffen können!

Die eigene Biografie schreiben

Setzen Sie sich hin und nehmen Sie sich Zeit, um Ihre Lebensgeschichte aufzuschreiben. Beginnen Sie von Ihrer Kindheit bis zum heutigen Tag. Halten Sie die prägenden Momente fest, die Sie zu der Person gemacht haben, die Sie heute sind. Erzählen Sie von Ihren Abenteuern, Herausforderungen und Erfolgen sowie von Menschen, die Sie getroffen haben. Teilen Sie Ihre Lebensweisheiten und Erkenntnisse, die Sie im Laufe der Jahre gewonnen haben. So hinterlassen Sie ein bleibendes Erbe für zukünftige Generationen.

Eine verrückte Challenge mit Freunden oder Familie starten

Fordern Sie Ihre Freunde oder Familie zu einer Challenge heraus, bei der Sie gemeinsam lustige Aufgaben lösen oder ungewöhnliche Herausforderungen meistern müssen. Ob es sich um eine Schnitzeljagd durch die Stadt, ein improvisiertes Theaterstück oder einen Kostümwettbewerb handelt – seien Sie kreativ und haben Sie gemeinsam den Spaß Ihres Lebens!

Ein eigenes Geocaching-Abenteuer planen

Werden Sie zum modernen Schatzsucher, indem Sie ein eigenes Geocaching-Abenteuer planen. Verstecken Sie kleine Schätze an interessanten Orten in Ihrer Umgebung. Erstellen Sie Hinweise und Rätsel, die andere Abenteurer lösen müssen, um sie zu finden. Erleben Sie die Spannung und Freude, wenn andere Ihre Schätze entdecken. Mittlerweise gibt es auch Seniorengruppen, die gemeinsam auf Schatzsuche gehen oder sich gegenseitig Behälter verstecken.

Einen eigenen Podcast starten

Starten Sie Ihren eigenen Podcast zu einem Thema, das Sie fasziniert. Ob es um Geschichten aus Ihrem Leben, Hobbys oder gesellschaftliche Fragen geht – teilen Sie Ihre Gedanken und Erfahrungen mit einem weltweiten Publikum. Und falls Sie sich fragen, wie Sie anfangen sollen, keine Sorge! Online finden Sie Lernvideos, die erklären, wie man Podcasts aufnimmt und bearbeitet. Es war noch nie so einfach, Ihre Stimme zu Gehör zu bringen und Menschen auf der ganzen Welt zu erreichen.

Einen neuen tierischen Mitbewohner finden

Schenken Sie einem Tier ein liebevolles Zuhause. Bereichern Sie Ihr Leben mit der Liebe und Freude, die ein tierischer Begleiter bringen kann. Ob es sich um eine Katze, einen Hund oder einen Vogel handelt – die Auswahl ist groß. Bevor Sie sich jedoch für ein Haustier entscheiden, ist es wichtig, sich über die Bedürfnisse der jeweiligen Tierart zu informieren. Ein Haustier ist eine langfristige Verpflichtung und benötigt viel Zeit, Aufmerksamkeit und Fürsorge. Besuchen Sie örtliche Tierheime oder Tierrettungsorganisationen, um das passende Haustier für Ihren Lebensstil zu finden.

Nacktbaden im Mondschein

Unter dem sanften Licht des Mondes können Sie sich völlig frei fühlen, während Sie sich im Wasser treiben lassen oder am Ufer entlang spazieren. Diese einzigartige Verbindung mit der Natur lässt Sie die Welt mit anderen Augen sehen. So entsteht ein Gefühl von Freiheit und Gelassenheit, das unbeschreiblich ist. Allein, mit Ihrem Partner oder mit Freunden – das Nacktbaden im Mondschein verspricht eine Nacht voller magischer Momente. Lassen Sie sich von der Natur umarmen und erleben Sie die Schönheit der Nacht auf ganz neue Weise.

Eine Nacht unter freiem Himmel verbringen

Schlüpfen Sie aus dem Alltag und verbringen Sie eine Nacht im Freien. Schlagen Sie Ihr Zelt auf oder breiten Sie Ihre Decke aus. Jetzt heißt es: Die Schönheit der Natur unter einem klaren Sternenhimmel genießen! Lassen Sie sich von den unendlichen Weiten des Universums inspirieren und erleben Sie den Zauber der Nacht. Wenn Sie nach etwas Besonderem suchen, dann wäre vielleicht eine Übernachtung in einem Baumhaus etwas für Sie. Bei einigen Outdoor-Anbietern können Sie unvergessliche Baumhausübernachtungen buchen.

Eine Traumliste mit besonderen Wünschen erstellen

Nehmen Sie sich Zeit, setzen Sie sich mit Stift und Papier hin und erstellen Sie eine Liste mit Ihren Träumen und Wünschen. Egal, ob es sich um abenteuerliche Reisen, außergewöhnliche Hobbys oder unkonventionelle Lebensziele handelt – schreiben Sie drauf los und träumen Sie groß. Das Festhalten Ihrer Träume schafft ein Gefühl von Vorfreude und Motivation. Und Vorfreude ist ja bekanntlich die schönste Freude.

Einen eigenen Escape Room zu Hause einrichten

Verwandeln Sie einen Raum in Ihrem Zuhause in einen eigenen Escape Room und laden Sie Freunde oder Familie ein, um die Rätsel zu lösen. Entwerfen Sie knifflige Rätsel, versteckte Hinweise und aufregende Herausforderungen, die es zu meistern gilt. Nur wer die Rätsel löst, kann aus dem Raum entkommen! Genießen Sie gemeinsam den Nervenkitzel, den dieses Spiel bietet.

Eintauchen in die grüne Oase

Jetzt geht es um das sogenannte Waldbaden. Nun haben Sie die Zeit, die beruhigende Atmosphäre des Waldes voll und ganz zu erfahren und sich bewusst mit der Natur zu verbinden. Gehen Sie langsam durch den Wald, atmen Sie die frische Luft ein und öffnen Sie Ihre Sinne. Das Gefühl von Frieden und Gelassenheit, das sich dabei einstellt, ist eine Erfahrung, die viele im hektischen Arbeitsleben verpasst haben. Durch das intensive Eintauchen in die Natur können Sie Stress abbauen, Ihr Wohlbefinden steigern und die Schönheit der Umgebung bestaunen.

Orte der Kindheit besuchen

Besuchen Sie die Orte Ihrer Kindheit und tauchen Sie ein in eine Welt voller Nostalgie. Schlendern Sie durch die Straßen Ihres alten Viertels, besuchen Sie den Spielplatz, an dem Sie als Kind gespielt haben oder kehren Sie zu Ihrem Lieblingsort am Flussufer zurück. Das Wiedersehen mit vertrauten Orten und die Erinnerung an vergangene Abenteuer werden Ihnen ein warmes Gefühl der Verbundenheit vermitteln. In der Ruhestandszeit haben Sie die Möglichkeit, die Vergangenheit zu reflektieren und die Bedeutung dieser Orte in Ihrem Leben neu zu entdecken.

Adieu Buch! Hallo Ruhestand!

Jetzt endet dieses Büchlein. Vielleicht hat Ihnen das ein oder andere Kapitel gefallen und Sie konnten die Lesezeit richtig genießen. Der Ruhestand ist eine Zeit des Genießens, der Entdeckungen und dem Verwirklichen von Träumen. Es lohnt sich, genau jetzt jeden Moment voll auszukosten. Leben, lieben, lachen Sie – denn das Leben nach der Arbeit ist ein wertvolles Geschenk, das es zu feiern gilt. Und denken Sie daran: Die Zeit zwischen 30 und 60 Jahren ist genauso lang wie die zwischen 60 und 90 Jahren. Das Buch mag enden, aber Ihre Reise in den Ruhestand hat gerade erst begonnen. Möge diese neue Phase voller Freude, Abenteuer und Erfüllung sein. Alles Gute und viel Glück auf Ihrer Reise!

Impressum

Deutschsprachige Erstausgabe Mai 2024

Leona Jacobs
vertreten durch Katrin Schmidt
Am Michelsbach 37
99817 Eisenach
E-Mail: info@leona-jacobs.de

Covergestaltung: Kostis Pavlou
Herstellung und Druck: Amazon KDP

Printed in Poland
by Amazon Fulfillment
Poland Sp. z o.o., Wrocław

51965086R00129